El gran libro de las

Fondues

Por Eva y Ulrich Klever

El gran libro de las
Fondues

Consejos y recetas para
todas las fondues del mundo

Editorial Everest, S. A.

MADRID • LEON • BARCELONA • SEVILLA • GRANADA • VALENCIA
ZARAGOZA • LAS PALMAS DE GRAN CANARIA • LA CORUÑA
PALMA DE MALLORCA • ALICANTE — MEXICO • BUENOS AIRES

Título original: *Das grosse Buch der Fondues*

Traducción: *Diorki*

No está permitida la reproducción total o parcial de este libro, ni su tratamiento informático, ni la transmisión de ninguna forma o por cualquier medio, ya sea electrónico, mecánico, por fotocopia, por registro u otros métodos, sin el permiso previo y por escrito de los titulares del Copyright.
Reservados todos los derechos, incluido el derecho de venta, alquiler, préstamo o cualquier otra forma de cesión del uso del ejemplar.

CUARTA EDICIÓN

© EDITORIAL EVEREST, S. A.
Carretera León-La Coruña, km 5 - LEÓN
ISBN: 84-241-2234-8
Depósito legal: LE. 979-1990
Printed in Spain - Impreso en España

EDITORIAL EVERGRÁFICAS, S. A.
Carretera León-La Coruña, km 5
LEÓN (España)

Eva y Ulrich Klever, llevan 35 años casados y muchos trabajando juntos. Eva, tras finalizar los estudios de bibliotecaria y germanística, trabajó durante algunos años en la explotación agrícola de sus padres; más tarde llevó la economía familiar y el archivo de su marido y su hija. Ulrich Klever es zoólogo, y trabajó como periodista especializado en temas de psicología de la alimentación. Posteriormente, como gourmet que es, investigó el campo de la cocina. En este sentido, gracias a sus dotes literarias y apoyado en sus conocimientos científicos, logró en su carrera periodística culinaria describir cosas complicadas de forma sencilla y cosas sencillas de forma interesante.

Eva se dedica especialmente a la investigación culinaria. Por su parte, Ulrich escribe desde hace 14 años en la Sección culinaria del semanario alemán «Stern», y desde hace siete, en la revista también alemana «Frau im Spiegel». Paralelamente, ha presentado en la televisión alemana más de 300 recetas y consejos culinarios, y ha escrito un gran número de libros de cocina (algunos premiados por la Academia Gastronómica Alemana), muchos de los cuales han llegado a convertirse en *best-sellers*.

Juntos han escrito también varios libros y han recopilado todas sus experiencias y recetas de las fondues con el deseo de que sus lectores alcancen tanto éxito en sus invitaciones como ellos mismos.

Las fotografías han sido realizadas por el Teubner-Studio, Füssen.
Los dibujos son de Peter Schimmel, Munich.

INDICE

La fondue como centro de reunión social 8

Fondue: Una palabra mágica 9

«El» o «la» fondue - una pequeña aclaración lingüística 10
Un poco de historia 10
La verdad sobre la fondue de queso 10
El porqué del éxito de las fondues 11
Algunos consejos útiles para las fondues en general 11
La fondue no se come a solas 12
Instrumentos y accesorios que necesitamos 12
La decoración de la mesa 13
El fuego bajo la marmita 13

Las fondues de queso del mundo 14

Receta base para fondue de queso (estilo Neuenburg) 15
El pan para la fondue de queso 15
Si algo sale mal 15
Una cuestión importante: tipos de vino y queso 16
Fondue de Friburgo 16
Fondue Pussyfoot 16
Fondue «au vin la Côte» 19
Moitié-Moitié 19
Fondue al estilo de la Suiza oriental 19
Fondue Ginebrina 1. 20
Fondue Ginebrina 2. 20
Las distintas clases de pan para fondues 20
Fondue Gomser 21
Fondue al estilo de Lucerna 21
Fondue Glarner 21
Fonduta Tesina 21
Fondue Tesina 22
Fondue campesina 22
Fondue al estilo del último prusiano 22
Fondue de Roquefort 23
Fondue campestre o para solteros 23
Para sumergir en fondues de queso 23
Fondue de lonchas 24
Fondue de requesón 24
Fondue de Maguncia 24
Kaaspott de Gouda 24
Fondue Kernhem 25
Fondue Bols 25
Fondue de leche cuajada 25
Fondue Rosé 26
Fondue de cerveza 26
Fondue au champagne 26
Fonduta del Piamonte con trufas 26
Fonduta italiana 29
Fonduta al estilo del Hotel Danieli 29
Fondue à la Périgueux 29

Fondue à la Périgueux en Grand Gala 29
Fondue Hermitage 30
Fondue Formidable 30
Fondue de eneldo 30
Fondue a la mode 31
Fondue variada 31
Cómo rallar y cortar el queso 31
Otras fondues de especias 32
Fondue al curry 32
Fondue al comino 32
Fondue al infierno 32
Fondue con mostaza 32
Fondue al ajo 32
Fondue con salsa de asado 32
Fondue de estragón 32
Fondue de setas 1. 32
Fondue de setas 2. 33
Fondue Italiana 33
Fondue de cebollinos 33
Fondue de aceitunas 33
Fondue de hierbas 33
Fondue de cebollas 33
Fondue de hamburguesas 34
Fondue Parmentier 34
Fondue de plátano 34
Fondue a la española 34
Fondue a la francesa 35
Fondue a la Pizza 35
Aguardientes para fondues 35
Fondue Mexicana, servida en frío 36
Treinta quesos para fondue 36
Raclette, queso fundido 39
Raclette 40

Fondues a la Bourguignonne y otras fondues de aceite 41

Receta base para la fondue a la Bourguignonne 42
Cómo se debe cortar la carne para fondues 43
Fondues de cordero a la neozelandesa 44
Fondue de albóndigas 44
Albondiguillas del Caribe 44
Fondue de queso Bourguignonne 45
Queso de macha 45
Fondue de pollo a la Bourguignonne 45
Fondue de cordero al estilo sirio 45
Pollo a la coreana 46
Pinchos de hígado 46
Fondue Asia 46
Puchero de carne al estilo de Mongolia 49
Fondue de venado 49
Fondue de corzo 49
Fondue sencilla de caza 50

Indice

Fondue de jamón 50
Aceites y grasas para fondues 50
La fondue y las salchichas 51
Fondue de marisco 51
Fondue de merluza rebozada 51
Fondue de langostinos a la californiana 52
Fondue de langostinos con bacon 52
Fondue de marisco Strausak 52
Introducción a las fondues de aceite japonesas 52
Tempura 53
El pescado y la fondue 53
Salsa Tempura 1. 54
Salsa Tempura 2. 54
Salsa Tempura 3. 54
Tempura de setas 54
Fondue de pescado al estilo de Alemania 55
Fondue de pescado al estilo de Wallis 55
Fondue de coliflor 55
Fondue de septiembre 56
Fondue de coles de Bruselas 56

Fondues para iniciados 57

Fondue Gourmet 58
Fondue de callos 58
Fondue de corazón de ternera 58
Fondue de riñones y setas 58
Fondue de riñones agrios 59
Fondue de carne variada al estilo oriental 59
Fondue de lechezuelas 60
Fondue de hígado de carnero 60

Fondues de caldo 61

Receta base para fondue chinoise 62
Fondue casera de aves 62
Caldos de carne para fondues 62
Fondue Maritime 63
Fondue de pescado al estilo de Theo 63
Salsa especial de vino blanco con gambas 63
Fondue de pescado y marisco al Chalet Suisse 63
Fondue de pescado Ulrich Klever 64
Salsa rápida para fondue de pescado 64
Fondue Mediterraneé 64
Fondue varieté 67
Pinchos de ternera Baco 67
Fondue al estilo Weisham 67
Algunas aclaraciones acerca de los auténticos pucheros orientales 68
Puchero mongol 1. 68
Puchero mongol 2. 69
Puchero oriental con flores de crisantemo 69
Fondue Shih-Chin-Nuan-Kuo 70
Fondue de caldo de carne 70

Fondue rusa 71
Fondue sopera 72
Algunas sugerencias para los «tropezones» 72
Fondue italiana de tomate 73
Fondue Ponche 73
Sukiyaki: una fondue símbolo de la cocina japonesa 73
Sukiyaki al estilo Klever 74
Sukiyaki casera 74
Sukiyaki a la japonesa 77
Fondue Puegogi 77
Puchero vietnamita 78
Caldos de pollo y de pescaso para fondues 78
Puchero vietnamita al vinagre 79
Fondue de pescado Katou 80
Gambas al estilo chino 80
Fondue al estilo de la nueva cocina 81
Fondue de cerdo agridulce 81

Fondues diferentes 82

Fondue de vino 83
Fondue al estilo de Westfalia 83
Fondue ranchera 83
Bagna Caôda 84
Bagna Caôda 1. 84
Bagna Caôda 2. 84
Okaribayaki 87
Fondue de patatas Campesina 87
Fondue de patatas con requesón 87
Fondue de alcachofa 88
Fondue de espárragos 88
Fondue de mostaza 89
Salchichas agridulces 89
Fondue de sartén 89
Fondue de parrilla 90
Diablillos 90
Pinchos Lanchi & Boonchi 90
Pinchos de pollo-Sate Ajam 91
Adobo 1. 91
Adobo 2. 91
Fondue Paleolitica 91
Horca de brujas 92

La fondue como postre 93

Fondue de Toblerone 94
Fondue de chocolate al Whisky 94
Fondue de chocolate con nueces 94
Fondue de chocolate Jamaica 94
Fondue de chocolate perfumada 97
Fondue de chocolate a la menta 97
Fondue para mojar 97
Fondue Mokka 97
Fondue de marshmallows 98

Indice

Fondue de crema de cacao con avellanas 98
Fondue de ron con azúcar 98
Fondue de caramelo 98
Fondue de frutas-dulce 99
Fondue de frutas-seca 99
Fondue de manzana 99
Fondue helada Tutti-Frutti 99
Salsa de caramelo 100
Fondue helada 100
Fondue de café 100
Café con miel a la turca 101
Café Brûlot 101
Westindia Coffee 101
Café de chocolate 101

Salsas y mojes, de la A a la Z 102

Alioli 103
Mantequilla al café 103
Moje de aguacate 1. 103
Moje de aguacate 2. 103
Moje de ajo y queso 103
Moje estilo Calcuta 104
Dos mojes caseros (dos) 104
Moje de cebolla 104
Moje español 104
Moje de lima 104
Moje de limón 105
Moje de manzanas y pasas 105
Moje de miel 105
Moje de queso y nueces 105
Moje de rábanos picantes con arándanos 105
Moje de rábanos picantes 106
Moje de requesón 106
Moje tropical 106
Mustard-relish 106
Peparata 106
Salsa de albaricoque 107
Salsa de anchoas 1. 107
Salsa de anchoas 2. 107
Salsa de avellanas 107
Salsa de bretona 107
Salsa de cacahuete 107
Salsa caliente del infierno 108
Salsa Cornichon 108
Salsa de curry 1. 108
Salsa de curry 2. 108
Salsa Chantilly 108
Salsa china especial 109
Salsa de estragón 109
Salsa fría del infierno 109
Salsa de fuego 109
Salsa de hierbas 109

Salsa holandesa 110
Salsa Holandesa al estragón 110
Salsa Indonesia 110
Salsa al Jerez 110
Salsa de manzana 111
Salsa de mostaza 111
Salsa de naranja 111
Salsa de Niza 111
Salsa de patatas 112
Salsa de rábanos picantes 112
Salsa de remolacha 112
Salsa Roquefort 112
Salsa tártara 112
Salsa de tomate fría 115
Salsa de tomate provenzal 115
Salsa verde de espárragos 115
Salsa vinagreta 115
Salsa Yankee 115
El mercado de las salsas preparadas 116

Panes de bizcochos caseros para fondues 117

Pasta campesina agria 118
Masa agria para pan 118
Rollos de tocino y cebolla 118
Pan de copos de avena 119
Picatostes para fondues 119
Baguette o pan blanco tipo pistola 119
Blinis a la Weisham 120
Pan de especias 120

Guarniciones caseras 121

Chutney de albaricoque 122
Piña de conserva 122
Pinchitos de limón 122
Cebollitas agridulces 122
Limones conservados en aceite 123
Tomates para cocktail en escabeche 123
Sambal 123
Cebollas para sumergir 123
Barritas de patata 123
Albondiguillas de pescado 123
Crêpes de harina de arroz 124
Pan de ajo 124

Bebidas para acompañar fondues 125

El mercado de los utensilios para fondues 127

Algunas sugerencias 131

Indice 132

La fondue como centro de reunión social

Hace aproximadamente 15 años que la fondue de queso ha traspasado las fronteras suizas. Fue entonces cuando en el mundo occidental estalló la fiebre de la fondue: se descubrieron cada vez más y más nuevas combinaciones de quesos; también aparecieron las fondues de aceite y grasa, en las que se freía carne y hasta pescado. Con la moda del control de peso se empezó a cocinar, todos juntos alrededor de la mesa, mariscos, pollos y verduras. Las fondues se convirtieron en el menú favorito de las reuniones sociales y fiestas, y los profetas de la cocina auguraron que la nueva moda culinaria no se mantendría mucho tiempo sobre el tapete.

Hoy en día, el cocinar en la mesa en torno a la marmita de la fondue constituye un modo entrañable de celebrar una reunión familiar y, en todo caso, la manera ideal de agasajar a los invitados de una fiesta. El hecho de que con un mínimo de preparación se pueda conseguir un máximo de hospitalidad, hace que la fondue se preste a todo tipo de reuniones. En el centro de la mesa, ya preparada, burbujea silenciosamente el queso, el caldo o el aceite. Los ingredientes están también listos, y todos, incluida el ama de casa, se hallan sentados alrededor del punto central que es la marmita de la fondue, comiendo, charlando y bebiendo durante un par de horas.

Para que el lector o lectora pueda introducir variantes en sus invitaciones, hemos incluido en el presente libro todas nuestras experiencias en el campo de las fondues. Para ello hemos reunido recetas de fondue del mundo entero, más algunas de nuestra propia invención. De esta manera, creemos haber conseguido redactar el mayor y más completo recetario de fondues que existe.

En el primer capítulo exponemos las generalidades semánticas e históricas de las fondues. Hemos puesto especial interés en señalar los errores más fáciles de cometer, para evitar cualquier posible fracaso. También damos interesantes datos sobre los quesos, su sabor y efectos en fondues. Igualmente aconsejamos sobre los vinos que van mejor con cada receta, y ofrecemos recetas para hacer pan casero y descripciones de otras clases de pan. Además, dedicamos un capítulo a las recetas de salsas que mejor se prestan para acompañar la fondue de carne. Por último, esperamos que las espléndidas fotografías en color que se intercalan en el libro contribuyan a estimular a todos nuestros lectores y amigos de las fondues.

Creemos, en fin, que este libro responderá a todas las dudas que se les puedan presentar a nuestros lectores a la hora de preparar una buena fondue.

Pero antes les queremos explicar por qué las fondues han tenido, tienen y esperamos tendrán tanto éxito. La marmita en la mesa, alrededor de la cual se cocina y se come en comunidad, es más que simplemente una cena o comida familiar. Es toda una fiesta.

Les deseamos entretenimiento, buen apetito y... ¡que aproveche!

Eva y Ulrich Klever

Nota: Todas las recetas están pensadas, si no se indica lo contrario, para cuatro personas.

Fondue: Una palabra mágica

Empecemos por la cuestión semántica. La palabra francesa fondue, en su sentido literal, significa *derretida,* y proviene del verbo *fondre* (derretir, fundir). Así pues, el término fondue utilizado en este libro debería referirse únicamente al sentido estricto de la palabra, es decir, a las variantes del queso fundido. Si hojeamos los libros clásicos de cocina, también encontraremos, bajo el epígrafe «fondues», croquetas, empanadillas, crêpes rellenos de queso fundido y hasta sandwiches untados con queso derretido.

Sin embargo, existen otros tipos de fondues: los gastrónomos suizos exportaron después de la Segunda Guerra Mundial una moda culinaria que consistía en sumergir trozos de carne en aceite caliente y comerlos alrededor de la mesa, al estilo de las fondues de queso. A este tipo de fondue se le llamó «a la bourguignonne», pues los suizos de habla francesa son los legítimos descendientes de los burgundios.

Con el tiempo, la palabra fondue ha adquirido un valor genérico para designar todo aquello que se come directamente de la olla situada en el centro de la mesa, y cuyos ingredientes se untan en distintas salsas ya preparadas. Tal definición, sin embargo, no agradó a los puristas, atentos —con todo derecho— a mantener impoluto el lenguaje culinario. Y así, Werner Fischer, en su libro *Delicias del arte culinario internacional,* escribe a propósito de la descripción de la receta «Fondue chinoise» (trozos de carne de ternera cocinados, acompañados de gambas, en un caldo de pollo mezclado con vino): «Me molesta la utilización genérica del término culinario 'fondue'». En ello veo solamente una nueva moda producto de los tiempos en que vivimos. Una fondue es algo fundido o, en todo caso, algo emulsionado. El queso fundido es el ingrediente principal, tanto si se sirve en un *caquelón* (marmita para fondues), como si se añade a un pastel o se unta sobre pan tostado. Todos estos casos se incluyen en el epígrafe de fondues.

Para no dar lugar a confusiones, advertimos que nosotros nos decidimos por la acepción más amplia. Incluimos, pues, todo tipo de recetas para comer directamente de la olla. Además, hemos intentado incluir en cada grupo platos originales que más tarde se han convertido en fondues.

Fondue: Una palabra mágica

«El» o «la» fondue — una pequeña aclaración lingüística

Esta «duda» lingüística se ha disipado por sí sola con el tiempo. Hace 15 años, cuando en España se empezaba a descubrir la fondue por la influencia culinaria europea, había algunos entendidos que se referían a ella como «el fondue». Esto era debido a que en la Suiza de habla alemana el término *fondue* había sido concebido como neutro. No obstante con el tiempo y por respeto al origen francés de la palabra (en Francia el término fue femenino desde un principio), se «feminizó» universalmente la palabra fondue. En este libro, siguiendo la corriente general, nos hemos decidido por el género femenino. Además un plato tan delicioso sólo puede ser femenino...

Un poco de historia

Nuestros antepasados ya comían, todos reunidos, de una misma olla, por lo que se puede atribuir a las fondues una tradición histórica importante. Sobre los orígenes existen muy diversas versiones, como, por ejemplo, la del campesino solitario en los Alpes que, harto de comer queso y pan a secas, fundió el queso y untó los trozos de pan en él. O la versión de la Cenicienta: a una humilde sirvienta se le cae un trozo de queso en el fuego del hogar y, con la ayuda de un pedazo de pan, lo recupera ya derretido. El hijo de los señores lo encuentra tan delicioso que se casa con ella.

Ocurrió durante las guerras de la Reforma, cuando Zürich, protestante, luchaba contra los cantones católicos. Las tropas se encontraban frente a frente y, como suele pasar en las guerras, la intendencia no funcionaba satisfactoriamente. Citamos a un historiador suizo: «Un puñado de aguerridos mozos de la zona católica trasportaron una gran olla de madera llena de leche a la línea fronteriza y llamaron a los del bando contrario, que tenían una leche exquisita, pero nada para mojar. Inmediatamente algunos de los sitiados se llegaron hasta la frontera trayendo consigo barras de pan que repartieron con sus enemigos y, sentándose todos juntos en torno a la olla, mojaron los trozos de pan en la leche y comieron». Historiadores de la fondue añadieron queso en la olla, y mantienen que la fondue apacigua los ánimos.

Brillat-Savarin, magistrado y gastrónomo de la época de la Revolución francesa, cuenta en sus crónicas la historia del obispo de Belley (ciudad del departamento francés de Ain), que comía la fondue con cuchara en vez de utilizar el tenedor. Pero, dado que Brillat-Savarin también incluye en sus escritos la receta de la fondue del obispo, sabemos que se trataba simplemente de queso con huevos revueltos y ciertas especias. De modo que no es exacto relacionar a Brillat-Savarin con la historia de la fondue.

La verdad sobre la fondue de queso

La fondue, como menú comunitario que engloba el juego de sociedad en el marco de lo rústico y sabroso, es hija de la Suiza francesa. Si se quería agasajar a un invitado o celebrar el reencuentro con viejos amigos, en Lausanne, Ginebra o Neuenburg se organizaba inmediatamente una buena fondue. En la Suiza alemana, por el contrario, se servía la fondue solamente en restaurantes lujosos, los típicos *Carnotzets* decorados al estilo campesino, donde los suizos franceses ahogaban su nostalgia en queso fundido y kirsch.

Según Eva María Borer, autora del libro *Vieja y nueva cocina suiza,* antes de 1939, año en que se celebró en Zürich la exposición nacional, la fondue era prácticamente desconocida en la Suiza alemana. Fue en los años 50 cuando se produjo el gran «boom» de las fondues en Suiza, llegándose a servir en la temporada de invierno cerca de 830.000 fondues, que equivalen a 2,5 millones de raciones individuales; o, dicho de otra manera, seis fondues por suizo en un año. Por eso, los extranjeros y, en especial, los americanos consideran la fondue como el plato nacional suizo «par excellence». Y más aún desde que se proyectó la superproducción de Walt Disney «Cinerama Holiday», en la que se representaba a Suiza como el país de las montañas, de las vacas y de las fondues. No obstante, la mayoría de los recetarios de fondues están escritos en lengua inglesa.

Fondue: Una palabra mágica

El porqué del éxito de las fondues

Con una fondue se puede conseguir un éxito máximo con un gasto mínimo. Los suizos han inventado un eslogan que coincide exactamente con el ambiente que se crea en una invitación de este tipo: «La fondue sabe bien y garantiza el buen humor». Y cuando un humorista suizo dijo que «en un país donde las personas comen fondue, no hay reyertas a muerte», tenía toda la razón.

Sin duda alguna, la idea «comer todos juntos de la olla» aproxima a las personas. Toda la atención que requiere el rito de comer fondue, el mojar el pan, el enrollar el queso y el tener cuidado de no quemarse la boca, quita la ocasión de entablar discusiones. Además, el tiempo que exige una comida de este tipo contribuye a que se cree una atmósfera pacífica y tranquila (aunque posiblemente también se pueda atribuir al efecto de la masa de queso fundido en el estómago).

Habría que contemplar una fiesta de fondue desde el punto de vista sociológico: tiene algo de aquel sentimiento de seguridad que unía a los antiguos alrededor del fuego; sólo que la luminosidad de los leños en llamas ha dado paso a la flameante luz azul (el color del romanticismo) del quemador de alcohol, sin por eso haber perdido el encanto particular del fuego. Sumergir los trozos de pan en la burbujeante masa de queso o la carne en el aceite hirviendo es algo muy diferente de comerse un bistec. Tema aparte es la sensación de compañerismo que se siente al comer una fondue.

El simple acto de comer se ritualiza; el extranjero es aceptado en el clan gracias a la comida comunal. La magia del fuego también une, se sumerge uno en el pasado e incluso se llega a olvidar todas las preocupaciones. Estamos convencidos de que todas estas razones han contribuido también a que la fondue haya alcanzado tanto éxito en el mundo entero.

Algunos consejos útiles para las fondues en general

Fondue de queso: ¡Atención con la utilización de las cortezas de los quesos! Nunca deben sobrepasar 1/3 de la cantidad total de queso empleado. Las hierbas para aderezar se deben servir frescas a la mesa. Si son desecadas, se sirven en polvo o muy trituradas. ¡Cuidado con la dosificación! Se le puede dar un color más fuerte a la fondue, añadiendo un poco de azafrán diluido en agua. Si se añade demasiado, se alterará el sabor del queso.

Fondue de aceite o grasa vegetal: La carne se condimenta una vez sumergida en alguna salsa. Cuando se asa a la parrilla, la carne caliente absorbe rápidamente los condimentos. La sal hace que el agua de la carne salpique con el aceite o grasa. La pimienta mancha el aceite. Las hierbas, tanto frescas como desecadas, se queman en el aceite, lo que da a la carne un sabor a quemado.

Fondue de caldo: Las hierbas desecadas deben nadar en el caldo desde un principio. Las frescas se sirven aparte o se añaden al caldo una vez en la mesa. Los bocados se pueden condimentar antes de mojarlos en las salsas; de esta manera, el caldo será cada vez más fuerte.

Condimentar con hierbas: Las hierbas desecadas se meterán junto con los demás ingredientes en la marmita de la fondue, pues no se abren más que con el calor. Si las hierbas son frescas se utilizarán para rebozar en ellas los bocados ya calientes.

La cuestión decorativa: Si se tiene tiempo y se es mañoso, se pueden cortar las guarniciones de maneras graciosas. Por ejemplo, las trufas de la fondue Péregueux, en forma de corazoncitos o herraduras; los champiñones de la fondue de champiñones, en rodajitas longitudinales muy finas. Para la fondue de cerveza, se pueden cortar las rodajitas de pepinillos con las formas de los símbolos de la baraja, etc.

Fondue: Una palabra mágica

La fondue no se come a solas

Una fondue se ha de comer como mínimo entre dos personas, pues comerla a solas arremetería contra el espíritu comunal inherente a toda fondue.

Una fondue es también una comida familiar y, puesto que la Navidad es una fiesta fundamentalmente familiar, hemos pensado que sería una buena alternativa al pavo o al cordero navideño. Meditémoslo. Nos extraña que la fondue no sea el menú familiar por excelencia: da poco trabajo a cambio de pasar un rato agradable. ¿No sería una excelente idea preparar para la próxima Nochebuena una buena fondue?

Pero, incluso fuera de Navidad, la fondue es una excelente solución para nuestras invitaciones. Tengamos en cuenta, sin embargo, que los suizos la preparan especialmente en los meses invernales, que es un alimento que sacia bien y no resulta precisamente ligero al estómago. Si no tenemos un estómago a prueba de bomba, no deberíamos tomar fondue, sobre todo si es de queso, para la cena, a no ser que queramos pasarnos la noche en vela.

No debiéramos sentar alrededor de una marmita de fondue a más de seis personas. También a este respecto podemos aprender de los suizos: cuando el ejército suizo está de maniobras, tiene por costumbre comer, al menos una noche, fondue. Alrededor de cada *caquelon* se sientan únicamente seis soldados. ¿Por qué este número? Porque, si fueran más de seis, se estorbarían con los tenedores, se enfriaría en seguida la masa de queso (o el aceite)... y, además, la fondue se acabaría en un santiamén.

Pero, aparte de los invitados, necesitamos los instrumentos y accesorios adecuados.

En el mercado existen las más variadas marmitas y sartenes adaptables a cualquier tipo de hornillo. Se ha pensado en todos los gustos: los hay de hierro forjado, funcionales o rústicos. Naturalmente, también se ha pensado en todos los bolsillos.

Instrumentos y accesorios que necesitamos

Para fondues de queso, puesto que no se necesitan temperaturas muy altas, basta con una *marmita de loza;* aunque no se debiera ahorrar mucho en este concepto, pues resulta bastante molesto que se rompa en plena fiesta y que el queso se derrame sobre el mantel y ponga perdidos a los comensales. Para una fondue de carne, en la que se utiliza aceite caliente, emplearemos siempre una *marmita metálica.*

Especialmente funcionales y atractivos son las *marmitas de hierro colado esmaltados en vivos colores:* en ellos se puede preparar indistintamente fondues de queso o de carne. Además tienen multitud de usos, lo que resulta muy interesante para quienes, por falta de espacio o porque no preparan fondues muy a menudo, no quieren llenar todo un armario de utensilios especiales para fondues.

Se necesitan asimismo *tenedores* especiales, largos y finos, parecidos a los que se utilizan para los pinchos morunos.

Para las fondues de queso basta con un tenedor; pero para las de carne se necesitan dos, porque se calientan mucho al contacto con el aceite. El segundo tenedor, que se queda en el plato, puede ser uno y corriente. El auténtico tenedor para fondues de queso tiene tres púas en el extremo, mientras que el de carne sólo dos, terminados en pequeñas contrapúas (como los anzuelos).

Desaconsejamos los tenedores enteramente metálicos, pues, aunque sean bonitos, se prestan a que se queme uno los dedos. Recomendamos, pues, los *tenedores o pinchos de madera,* incluso obligatorios, para ciertas fondues.

Haciendo juego con el caquelon existen en el mercado *platos para fondues de queso,* en los que se colocan los trozos de pan. Muchas veces estos platos están decorados con frases y dichos alegres. Y, ya puestos, se puede añadir a esta cubertería unas vasijitas en las que se bebe el obligado aguardiente. Son más prácticos que las copas convencionales, pues, al tener la abertura más ancha, se puede mojar en ellos el pan. Es una costumbre muy extendida mojar el pan previamente en el aguardiente y, a continuación, en el queso fundido, para darle al bocado un toque más sabroso.

Especialmente indicados para las *fondues de carne* (o para todas aquellas variantes de fondues en las que se sirven diferentes salsas) son unos *platos* divididos en pequeños compartimientos; en ellos se vierten las salsas.

Fondue: Una palabra mágica

En cuanto a los *hornillos,* los hay de diferentes clases: los que utilizan como fuente de calor la llama de una vela (por la baja temperatura que alcanzan sólo sirven para fondues de chocolate), los de alcohol y, por último, los más extendidos y, también, más sofisticados, los que funcionan con gas butano.

Lo último que ha salido en el mercado a este respecto, son las nuevas *marmitas eléctricas,* que, a su vez, son las más prácticas. Con ellas se puede preparar toda clase de fondues, desde las de queso hasta las de carne, pasando por las de chocolate. Sólo es necesario seleccionar la temperatura deseada; el resto lo hará la electricidad.

En las fondues de queso se necesitan 85ºC; en las de aceite, 180ºC; en las de caldo, la necesaria para la cocción, y después de 100ºC; en las de chocolate bastan 70ºC. Con los hornillos eléctricos no existe el peligro de que se queme el aceite, ya que el termostato proteje el aparato de un sobrecalentamiento. Sin embargo, tienen un inconveniente: no dejan aparecer ninguna llama azul.

La decoración de la mesa

La mesa debe estar cubierta por un mantel de tela de colores estilo rústico. Dejamos a su gusto el que el color del mantel haga juego con la cerámica y la decoración de la habitación o que, por el contrario, sirva de contraste. Todo está permitido, aunque la vajilla de porcelana y la cubertería de plata están fuera de lugar.

En la mesa son importantes las *servilletas;* y para las fondues de carne, si lo práctico supera a lo ridículo, es conveniente una sevilleta de peto o *babero,* para protejerse de posibles salpicaduras.

También es importante una *copa* para el aguardiente, un *vaso de vino* por persona y una *taza* para el té negro, contra la pesadez de estómago. Otro elemento imprescindible es un *molinillo para los granos de pimienta,* que deben estar siempre presentes en toda fondue que se precie.

El pan se sirve en una o dos *cestitas de mimbre,* y las salsas para fondues de carne en *platitos y cuencos* distribuidos por toda la mesa. Si las salsas se han comprado ya preparadas, se pueden colocar las botellitas directamente sobre la mesa.

El aspecto general de la mesa deber ser colorido y armonioso. En la descripción de las recetas figuran instrucciones concretas para cada caso.

Consejos prácticos: Las fondues de carne, es decir, con aceite, sólo se deben hacer si existe ventilación; por ejemplo, en la terraza.

Un último consejo: si se es novato o se hace una fondue por primera vez, conviene que sea en familia; se avergüenza uno menos que ante invitados... si sale mal, claro.

El fuego bajo la marmita

La vela es la fuente de calor más simple. Sólo se puede emplear con fondues de chocolate.

El hornillo de alcohol es la fuente de calor más utilizada. El alcohol empapa un trozo de algodón sintético inflamable. El tiro de aire y, con ello, la altura de la llama se regula con una pieza móvil. El alcohol se quema prácticamente sin desprender olor. Antes de comprar un infernillo se debe comprobar si se puede apagar con facilidad, que no se mueva sobre su base y que se pueda sacar sin problemas de debajo de la marmita con el aceite hirviendo. También convendría comprobar la altura de la llama: ésta debe ser alta si se regula al máximo. El tiempo que tarda en gastarse el alcohol va de 60 a 80 minutos a fuego rápido; y unas 2 horas y media, a fuego lento.

El hornillo de gas trabaja con gas butano. Una carga dura, según la regulación de la llama, de 1 a 9 horas. El gas butano quema sin desprender ningún tipo de olor. Estos infernillos se venden con carga de gas incluida. El modelo de la casa Sigg tiene dos posiciones: una para fondues y otra para flamear.

Las fondues de queso del mundo

Antes de pasar a describir la receta básica, que procuraremos sea lo más completa posible, queremos enumerar todo lo que queda acerca del ritual de la fondue.

Antes de empezar, lo correcto es ofrecer a los invitados, junto con un vaso de vino, unos trozos de carne ahumada sazonada con pimienta. También se pueden intercalar trozos de jamón serrano en el curso de la comida; pero esto casi pertenece a una receta especial.

En las fondues se puede beber o té fuerte, muy caliente, o el mismo vino con que se ha cocido la fondue. Aunque debemos tener en cuenta que muchas personas pagan el beber vino (que, por otra parte, debe ser servido a temperatura menor que la habitual) con dolores de estómago y pesadez. De hecho, el queso caliente mezclado en el estómago con vino frío puede ser explosivo. Pero el que tenga un estómago a prueba de bomba, ¡adelante!, el vino es el mejor compañero de la fondue.

O Kirsch, naturalmente; o cualquier otro licor quemado, pero siempre con el que hayamos preparado la fondue. Sin embargo, no es recomendable la costumbre de mezclar diferentes licores. Hay otro método menos burdo para alegrar la cena: consiste en mojar los trozos de pan de vez en cuando en el Kirsch, antes de sumergirlos en la masa de queso. Este método se llama «Sanssouci». El único sorbo que se bebe se llama «le coup du milieu», y se celebra cuando la marmita va por la mitad.

Cuando se acaba el queso, en el fondo se forma una costra que no conviene dejarla quemar. Esta costra de queso se ofrece al invitado de honor; si, por el contrario, la fondue es familiar, seguramente habrá pelea. Para recogerla, se retira la marmita de la llama y se separa la costra del fondo con un tenedor, no con pan.

Una vez extinguida la llama, se suele beber una o dos copas de kirsch, y, por supuesto, charlar un rato.

Después de un tiempo prudencial, se puede optar por tomar café o vino, que ahora también se ha de servir frío.

Y ahora la receta base, el fundamento de la fondue de queso, que, como todas las demás recetas, está concebida para cuatro personas. Cuando el lector la haya preparado unas cuantas veces, podrá dominar el resto de las recetas sin ninguna dificultad.

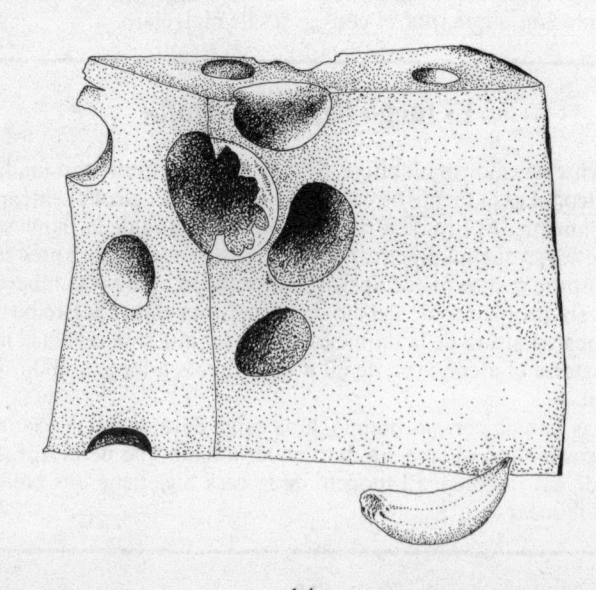

Las fondues de queso del mundo

Receta base para fondue de queso (estilo Neuenburg)
(Fotografía en página 18).

1 diente de ajo - 400 gr de queso Gruyère - 200 gr de queso Emmental – 0,3 l de vino blanco semiseco (si es posible, de Neuchâtel) - 1 cucharadita de zumo de limón - 4 cucharaditas rasas de fécula (Maizena) - 1 copa de kirsch (2 cl) - 2-3 dosis de pimienta molida (1 dosis = 1 vuelta de molinillo de pimienta) - optativo: algo de nuez moscada molida.

Modo de preparación: Frotar el interior de la marmita con las dos mitades del diente de ajo. (Si la marmita es de barro, se deberá cocer previamente leche en él; si es de cerámica esmaltada o hierro colado esmaltado, se podrá utilizar directamente). A continuación se rallarán y mezclarán los dos quesos (el gruyère, solo, resultaría demasiado fuerte; y el emmental, demasiado suave). La mezcla se pasa a la marmita. Entonces se mezcla el vino, el zumo de limón y la fécula y se añaden al queso rayado, removiéndolo todo bien. También en la cocina, se procede a calentar el conjunto hasta que se forme una masa consistente. No olvidar remover constantemente. El zumo de limón es importante para acidificar más el vino, pues el ácido es necesario para que se disuelva bien el queso. Se debe remover la masa con una cuchara y haciendo movimientos en forma de ochos, para que el queso no se deshaga en hilos.

Añadir ahora el kirsch y condimentar con la pimienta y la nuez moscada. Después de una breve cocción, y cuando se haya formado una pasta homogénea y cremosa, se traslada la marmita a la mesa y se coloca sobre el hornillo encendido. Una vez en la mesa, la fondue debe permanecer en constante y lenta cocción.

Modo de servir: Se pincha un trozo de pan en el extremo del tenedor y se sumerge en la marmita; se remueve un poco enrollando la masa de queso y dando vueltas al tenedor, para que no gotee el queso. Por último, se introduce el bocado en la boca. Pero, *atención: ¡el queso está caliente!*

Recuerde: Durante la comida, la masa de queso debe cocer ligeramente. Los entendidos al sumergir el pan, remueven bien la masa, pues de esta manera permanecerá consistente y homogénea durante todo el ágape.

Nota: Esta receta, por su simplicidad, es la más fácil de preparar y la que se presta a menos errores. Además, por ser la más extendida, su calidad gastronómica se halla garantizada.

El pan para la fondue de queso

Se calcula siempre cuatro rebanadas o 200 gr por persona. El pan será blanco, si es posible con mucha corteza (pistola), y los trozos se cortarán de tal manera que cada bocado tenga algo de corteza. Esto es importante para que se pueda agarrar bien al tenedor y no se pierda en la masa de queso. Un accidente como éste puede costar a un caballero una ronda de vino o la próxima fondue (así de estrictas son las costumbres en Suiza); aunque una dama puede comprar su perdón con un beso. Por otra parte, el queso se pega mejor en la corteza que en la miga. Pero no sólo tomaremos pan blanco, sino también moreno o tipo Graham (pan suave y esponjoso cocido con gran cantidad de semillas de trigo).

El pan no será ni demasiado fresco ni demasiado seco. Por eso, los trozos se cortarán justo antes de servirlos o se envolverán en papel de aluminio.

Si algo sale mal

- *Si la fondue resulta demasiado espesa:* Añadir vino caliente y remover con una batidora manual. También se puede añadir kirsch.
- *Si la fondue resulta demasiado fluida:* Aumentar la fuerza de cocción y añadir un puñado de queso rallado removiendo enérgicamente. O añadir algo de fécula mezclada con vino blanco y remover a continuación.
- *Si se forman grumos:* Un poco de zumo de limón o vinagre solucionarán el problema. Seguramente el vino no era suficientemente ácido. Remover bien.
- *Si se vuelven a separar el queso y el vino:* Llevar la marmita de nuevo a la cocina y, sobre el fuego al máximo, batir la masa enérgicamente con la batidora manual. De nuevo en la mesa, los comensales

deben remover bien la fondue cada vez que sumerjan los trozos de pan. Seguramente la fondue se cortó porque se olvidaron de remover. De vez en cuando, también conviene remover el fondo de la marmita para evitar que se pegue el queso.

- *Si el queso y el vino no quieren unirse:* Disuélvase una cucharadita de fécula en algo de vino con zumo de limón y añádase a la fondue removiendo bien.
- *Si se acaba la fondue y los invitados aún no están del todo satisfechos:* Esto ya se puede advertir cuando la fondue va por la mitad. Una buena solución es añadir a la fondue dos huevos batidos, condimentar, sin escatimar, con pimienta e incluso con un poco de ajo muy machacado. Disminuir la intensidad de la llama del hornillo y... ¡a seguir comiendo!
- *Si sobra fondue:* verter sobre los restos de queso un poco de agua fría. Esperar a que solidifique y sacarlo.

Una cuestión importante: tipos de vino y queso

En nuestra colección de recetas, el lector encontrará la gama de vinos con que se preparan las diferentes fondues. En general, se elegirán los secos y semisecos. La regla de oro reza: un vino con alto contenido de acidez se mezcla mejor con el queso que uno dulce. Para compensar el posible defecto de acidez se añade zumo de limón. Algunas marcas de vino suizas se prestan especialmente para las fondues. En la página 125 figuran más cuestiones interesantes sobre el vino en las fondues.

Para el queso también existe una regla de oro: cuanto más fresco sea el queso, más suave resultará la fondue; cuanto más curado esté el queso, más fuerte resultará la fondue. Por eso los expertos suelen mezclar quesos con diferentes tiempos de curación.

En la página 36, el lector podrá encontrar una lista de quesos para fondue de los distintos países, con sus características específicas.

Después de haber aprendido a preparar la fondue base (estilo Neuenburg no resultará difícil preparar las que siguen. Por eso, a partir de ahora las recetas no serán tan extensas ni detalladas. Empecemos por las fondues especiales de algunos cantones y ciudades suizos.

Fondue de Friburgo

Se trata de una fondue sin alcohol, es decir, sin vino ni kirsch. Esto no quiere decir que la fondue estilo Neuenburg nos impida, por ejemplo, conducir un coche; después de cinco minutos de cocción, todo el alcohol del vino y del kirsch se ha quemado y sólo queda el aroma. Aunque también es cierto que, si se bebe aparte, es posible que uno tenga que tomar un taxi para ir hasta su casa.

800 gr de queso bien curado tipo *Vacherin a Fondue* - 1 diente de ajo - algo de mantequilla - 4 cucharadas soperas de agua caliente - (tal vez) un poco de Maizena - pimienta - sal.

Modo de preparación: El queso Vacherin de Friburgo es suave y fácil de fundir. Sólo se encuentra en la temporada invernal y, aun así, solamente en tiendas especializadas y de «delicatessen» (ver pág. 39). Cortar el queso en trozos pequeños o bien en rodajas. Untar el interior de la marmita con el ajo y engrasar con la mantequilla. Introducir el queso con el agua (bastante caliente). Puesta la marmita a fuego lento, machacar el queso con la ayuda de un tenedor y remover con cuidado hasta que el queso alcance el punto de crema. *¡En ningún caso debe cocerse el queso!* Si esto ocurriera, volver a formar la pasta añadiendo fécula mezclada con agua. Si la crema resulta muy espesa, añadir a cucharadas agua caliente, hasta alcanzar la consistencia deseada. Sazonar ligeramente con sal y pimienta. Servir con la llama del hornillo regulada al mínimo.

Modo de servir: Comer con pan mojado en aguardiente de ciruelas.

Fondue Pussyfoot

Los americanos han bautizado a esta fondue sin alcohol con el nombre de «Pussyfoot» Johnson, un famoso policía durante la Ley Seca.

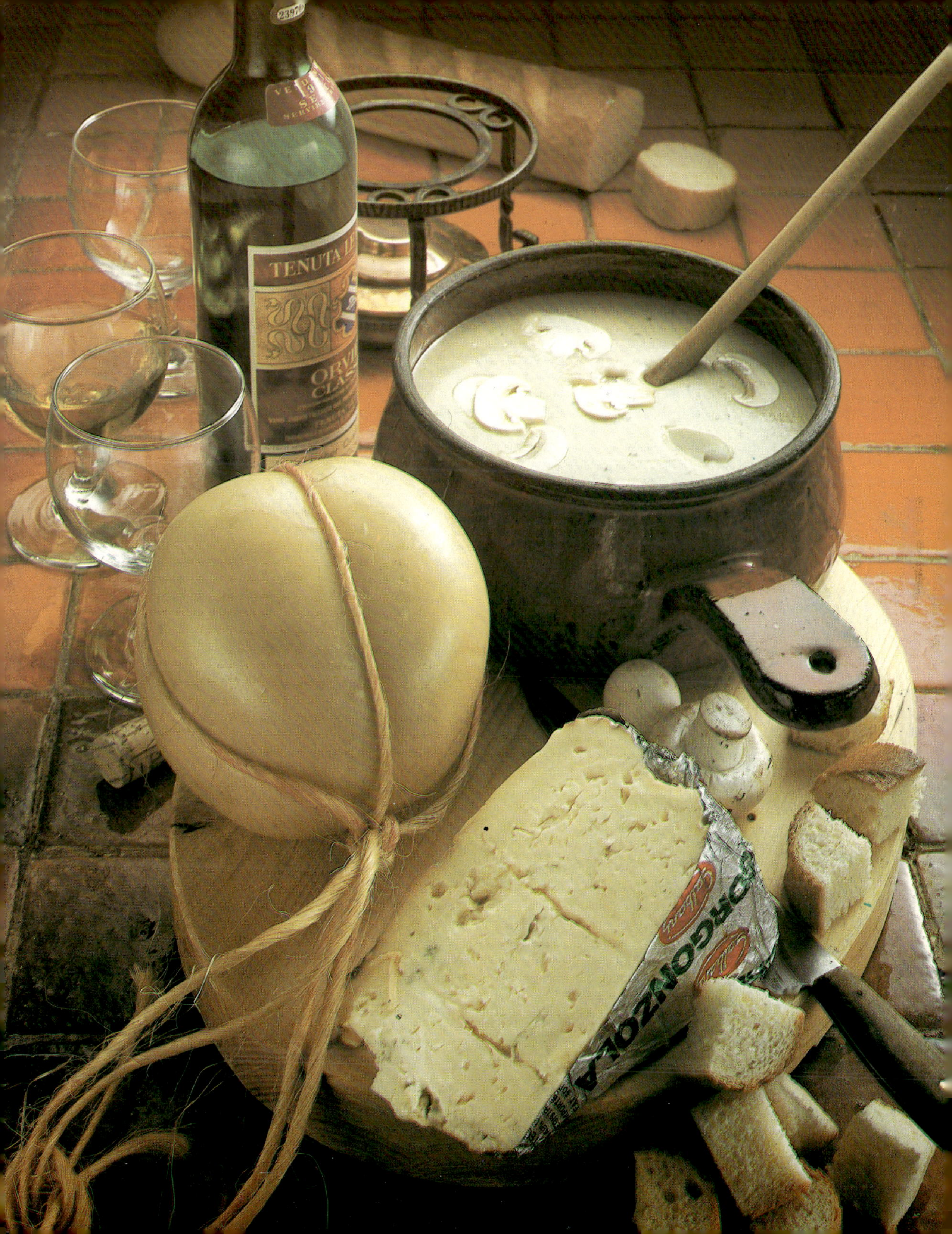

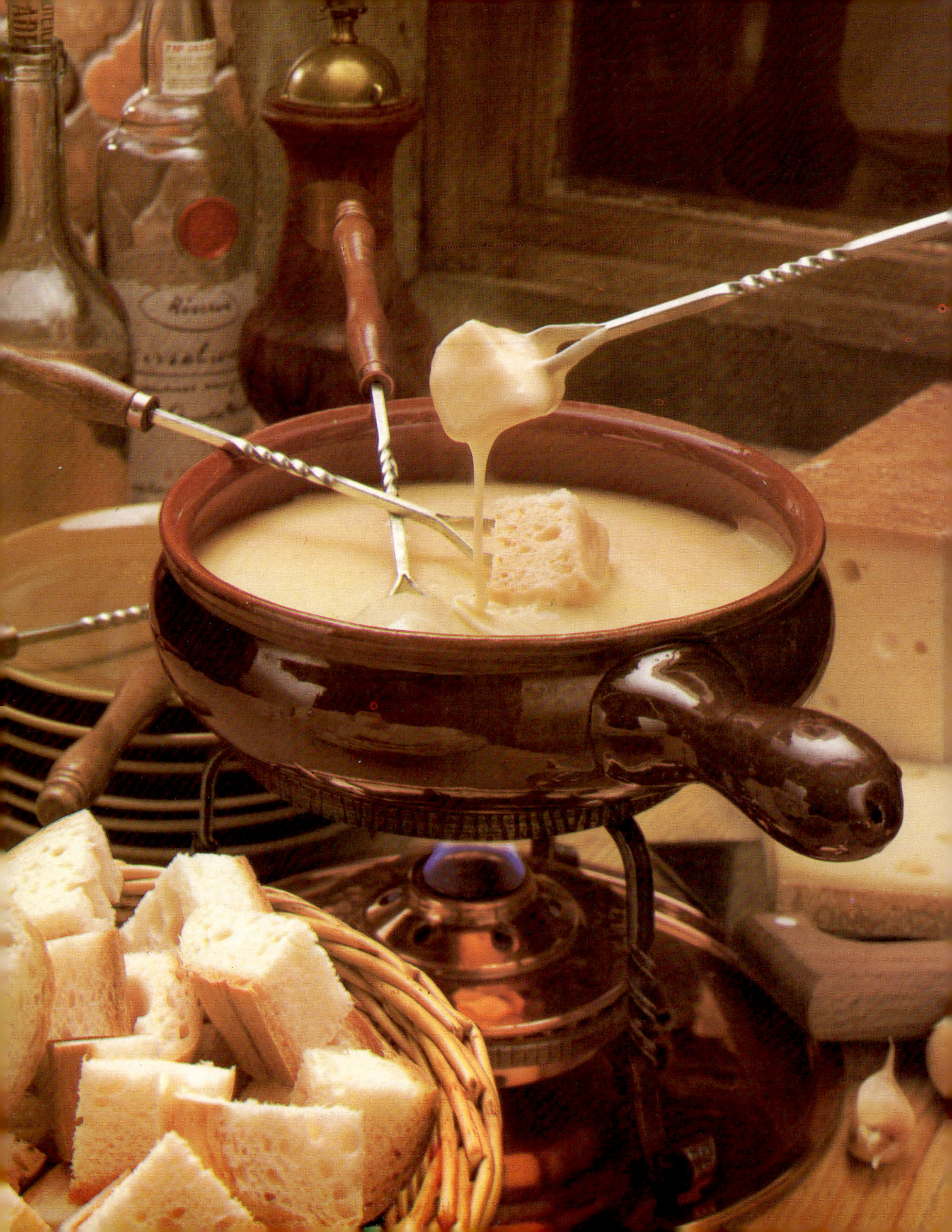

◁ La base de las fondues de queso es la fondue Neuenburg. Receta en página 15

---

250 gr de Gruyère - 250 gr de Emmental - 1 diente de ajo - 1/4 l. de jugo de manzana - 1 cucharada sopera rasa de fécula - 3 cucharadas soperas de zumo de limón - pimentón dulce - nuez moscada molida.

Modo de preparación: Rallar el queso. Untar la marmita con la dos mitades del diente de ajo. Agregar el jugo de manzana y calentar lentamente. Cuando empiece a burbujear, añadir el queso a puñados. Remover. Una vez derretido el queso, mezclar el zumo de limón y la fécula y añadirlo a la marmita. Remover bien el conjunto. Aderezar con la pimienta y la nuez moscada según el gusto de cada uno. Servir la fondue sobre el hornillo.

Modo de servir: Con trozos de pan blanco tipo pistola. (Ver también receta en pág. 119).

Fondue «Au vin La Côte»

Volvemos de nuevo a Suiza, que tantas variedades de fondue nos ofrece.

600 gr de queso Gruyère de diferentes tiempos de curación - 1 diente de ajo - algo de mantequilla - 1/4-3/8 l de vino tipo La Côte o Dorin - 1 cucharadita de zumo de limón - 4 cucharaditas rasas de fécula - 1 copita de kirsch (2 cl) - nuez moscada molida - pimienta.

Modo de preparación: Rallar el queso. Picar el ajo bien y mezclarlo con la mantequilla. Dorarlo en la marmita. Añadir el limón, el queso y el vino y dejarlo cocer. Mezclar la fécula con el kirsch y verterlo en la fondue. Aderezar con nuez moscada y pimienta. Esta fondue no es necesario que quede muy espesa.

Modo de servir: Se sirve con pan blanco tipo pistola.

Moitié-Moitié

Los friburgueses llaman a esta receta «Mitad-Mitad».

300 gr de Gruyère - 1 diente de ajo - 0,2 l de vino blanco de Neuenburg - 1 cucharadita de zumo de limón - 2-3 cucharaditas rasas de fécula - 300 gr de queso Vacherin à fondue - 1 copita de kirsch (2 cl).

Modo de preparación: Rallar el Gruyère. Con el ajo, frotar a conciencia la marmita. Dejar cocer en la marmita el queso, el vino y el zumo de limón. Añadir la fécula diluida previamente en un poco de vino. Una vez formada la masa de la fondue, rallar el Vacherin grueso y, junto con el kirsch, agregarlo a la fondue. A partir de ahora no se debe dejar cocer más la masa. A fuego lento, esperar a que se derrita el Vacherin. Una vez derretido, servir.

Nuestro consejo: Incluso en la mesa, no dejar cocer la fondue; sólo se debe mantener caliente.

Fondue al estilo de la Suiza oriental

1 diente de ajo - 200 gr de queso suave y semiduro, tipo Appenzeller - 1/4 de sidra seca - 1 cucharadita de zumo de limón - 2 cucharaditas rasas de fécula - 200 gr de Vacherin à fondue - 1 copita de kirsch (2 cl).

Modo de preparación: Untar la marmita con el diente de ajo pelado y cortado. Cortar los dos quesos en trozos y echarlos, junto con la sidra y el limón, en la marmita. Hacer cocer la mezcla lentamente, hasta que se derrita bien el queso. Proseguir como indica la receta «Moitié-Moitié».

Modo de servir: Comerlo con buenos trozos de pan de hogaza de pueblo.

Nota: Puede utilizarse también el queso tipo Vacherin.

Las fondues de queso del mundo

Fondue Ginebrina 1

Se trata de una fondue que no ha de ser tomada necesariamente sumergiendo trozos de pan en ella. También se puede derramar con un cazo sobre carnes y otros alimentos.

500 gr de Emmental o Gruyère de dos tiempos diferentes de curación - 1/2 vaso de vino blanco (tipo Dézaley o Vevey) - 0,1 l de nata fresca - 3 yemas de huevo - pimienta - nuez moscada molida.

Modo de preparación: Rallar o cortar en trozos el queso. Según el tiempo de curación. Echar el queso, junto con el resto de los ingredientes en la marmita. Remover a fuego muy lento, hasta que el conjunto se vuelva cremoso. *La mezcla no debe llegar a cocer.* (De suceder esto, se cortaría la masa y los huevos se cuajarían). Servir sobre un calientaplatos regulado al mínimo.

Modo de servir: Con pan tostado o patatas cocidas.

Fondue Ginebrina 2

400 gr de Gruyère - 200 gr de Emmental - 200 gr de queso graso y aromático (tipo Walliser) - 3/8 l de vino del lago de Ginebra - 1 cucharadita de zumo de limón - 1 copita de kirsch (2 cl) - pimienta - 10 gr de colmenilla desecada - 1 cucharada sopera de mantequilla.

Modo de preparación: Cocer la fondue según nuestra receta básica (pág. 15). Sumergir las colmenillas en agua fría durante cinco minutos. Cepillarlas a conciencia, para que no queden restos de arena, y cortarlas en trocitos pequeños. Dejar secar las colmenillas y sofreírlas en la mantequilla. Añadirlas a la fondue ya preparada.

Una variante: Mezclar con la fondue 2 tomates algo verdes, pelados, despipados y troceados.

Nota: Nos referimos a las colmenillas secadas y aromáticas. No a las que llaman «de la China», que carecen absolutamente de aroma y sabor.

Las distintas clases de pan para fondues

La Unión Suiza de Quesos recomienda en un prospecto recientemente publicado: «Lo ideal es el pan blanco o semiblanco, como la famosa Baguette francesa, porque tiene mucha corteza. También los hay que prefieren el pan de harina de centeno. Se debe cortar en trozos que quepan con facilidad en la boca, o se pueden servir bollos de pan blanco que el mismo invitado cortará. El pan para fondue debe tener por lo menos un día. Si es muy fresco, se digiere mal y, además, no se deja pinchar bien en el tenedor. Recomendamos a los invitados con problemas digestivos que consuman pan tostado». (Ver a este respecto la receta de picatostes de la pág. 119).

Además del pan blanco, se puede tomar pan Graham, de sabor fuerte; aunque tiene el inconveniente de que se cae fácilmente en la masa de queso, porque no se pincha muy bien. Para quienes prefieran pan de centeno, sugerimos los esponjosos St. Galler y Baseler, o las Bauernstuten (hogazas campesinas), que tienen mucha corteza. Los panecillos de centeno, de cebolla y de sal acompañan bien a las fondues de queso fuertes.

Las fondues de queso del mundo

Fondue Gomser

Esta fondue también se conoce con el nombre de «Fondue Walliser», ya que el Gomser es un queso muy parecido que proviene de la misma región que el Welliser.

60 gr de queso Gomser o similar (graso y aromático) - 1 diente de ajo - 1 cucharada sopera rasa de harina - 1 cucharada sopera de mantequilla - 1/2 litro de leche - pimienta - nuez moscada molida.

Modo de preparación: Cortar el queso Gomser en tiras. Frotar el interior de la marmita con el ajo. Dorar la harina en la mantequilla caliente. Apagar el fuego y añadir la leche con cuidado batiéndola. Dejar cocer durante 5 minutos sin dejar de remover, hasta que se forme una salsa blanquecina y fluida. Agregar el queso y sobre fuego fuerte dejarlo derretir removiendo constantemente. Condimentar y servir como hemos indicado anteriormente.

Fondue al estilo de Lucerna

Contrasta por su colorido con la mayoría de las fondues, que suelen ser de un monótono color amarillento.

1 diente de ajo - 360 gr de Gruyère - 240 gr de queso de los Alpes suizos - 3/8 l de vino blanco - 1 cucharadita de zumo de limón - 3 cucharaditas rasas de fécula - 1 copita de kirsch - 2 cucharadas soperas de hierbas finas picadas.

Modo de preparación: Frotar el interior de la marmita con el ajo y seguir las instrucciones de la receta básica de la página 15. Una vez lavadas y cortadas las hierbas (una buena combinación sería ajenjo, levística y estragón), secarlas con una servilleta de papel. Agregarlas a la fondue una vez llevada ésta a la mesa.

Modo de servir: Junto con los trozos de pan, también se pueden servir trocitos de salchichas de Frankfurt escaldadas.

Fondue Glarner

La auténtica fondue Glarner se hace con Schabzieger, un tipo de queso de leche de cabra condimentado con hierbas aromáticas. Su sabor picante hace que se parezca al Cabrales español. Si no se encontrara, pues, el Schabzieger, se puede sustituir por un buen Cabrales.

2 cucharadas soperas de mantequilla - 2 cucharadas soperas rasas de harina - 1/4-3/8 l de leche - una pizca de sal - 4 cucharadas soperas rasas de queso rallado Schabzieger o Cabrales - 0,1 l de vino blanco - pimienta blanca.

Modo de preparación: Derretir la mantequilla en la marmita. Agregar la harina y añadir poco a poco la leche. Dejar cocer hasta que se forme una salsa espesa. Rallar el Gruyère y, removiendo, dejarlo derretir. Mezclar el Schabzieger o Cabrales con el vino lentamente. Condimentar ligeramente con la pimienta blanca y servir a fuego lento.

Fonduta Tesina

Esta fondue es originaria de los hondos valles de la cuenca del río Tesino, al norte de Italia. La receta la tomamos prestada del libro de Eva Maria Borer *Vieja y nueva cocina suiza*.

Para la Polenta: 1 l de agua - sal - 250 gr de harina de maíz.

Para la fonduta: 50 gr de queso fuerte condimentado (Sbrinz) - 50 gr de Gruyère - 50 gr de mantequilla - 3 huevos - 1/4 l de leche - sal - pimienta - nuez moscada.

Modo de preparación: Poner a cocer el agua con sal en una olla de hierro colado y verter la harina de maíz de un golpe (no remover). Dejar cocer el conjunto un cierto tiempo. Dar la vuelta a la pasta de harina —sin remover— para despegarla lentamente del fondo de la olla. La polenta no debe secarse ni agarrarse. A partir de ahora, bajar paulatinamente la llama. Al cabo de unos 30 minutos, la

Las fondues de queso del mundo

polenta no se pega ni al cucharón ni al fondo. A continuación, disponer la polenta en una fuente.

Rallar los quesos y mezclar con los demás ingredientes en la marmita. Calentar la masa lentamente, removiendo con el cucharón. La crema no debe cocer. Una vez lista la fonduta, se sirve y, en la misma mesa, se vierte sobre la polenta.

Fondue Tesina

8-10 tomates pequeños - 2 dientes de ajo - agua o zumo de tomate - 300 gr de Gruyère - 300 gr de Emmental - 4 cucharaditas rasas de fécula o harina - pimienta - algo de orégano desecado - 1 cucharada sopera de nata - 4 cucharadas soperas de peperonata (de lata).

Modo de preparación: Pelar y trocear los tomates. Mezclarlos con los ajos, previamente machacados en un mortero, y calentarlos a fuego lento en una olla o en la misma marmita. Pasar los tomates por un colador y recoger el zumo resultante. Medir la cantidad de zumo conseguido y agregar agua o jugo de tomate hasta alcanzar 3/8 de litro. Apartar 4 cucharadas soperas de la mezcla y calentar junto con el queso rallado. Mezclar aparte la fécula o la harina con el zumo restante y añadir al queso precalentado. Llevar rápidamente a ebullición. Condimentar con la pimienta y el orégano. Añadir ahora la nata y remover el conjunto. Justo antes de servir la fondue en la mesa, añadir la peperonata.

Un consejo útil: Los cocineros vagos pueden utilizar jugo de tomate, en lugar de pasar los tomates por el colador. Los aplicados preparan ellos mismos la peperonata.

Fondue Campesina

1 diente de ajo - 200 gr de Emmental - 200 gr de Gruyère - 200 gr de queso fresco y fuerte montañés - 0,3 l de vino blanco - 4 cucharaditas rasas de fécula - 1 copita de aguardiente de ciruelas (2 cl) - pimienta - 50 gr de panceta.

Modo de preparación: Preparar la fondue con los ingredientes reseñados según la receta básica de la página 15. Cortar la panceta en trocitos pequeños y freírlos en una sartén aparte. Agregarlos a la fondue inmediatamente antes de servirla.

Modo de servir: Recomendamos utilizar pan de hogaza de pueblo.

Fondue al estilo del último prusiano

Echemos un vistazo al vasto campo de la literatura y leamos la receta extraída del libro *El último prusiano,* de Werner Bergengruen:

«La fondue, el más ilustre de los platos alpinos, consiste en fundir una buena porción de queso Emmental finamente rebanado en una cacerola de barro resistente al fuego. La cacerola se unta, antes de introducir el queso, con licor. Ahora bien, la cuestión de qué licor emplear, si éste o aquél, es un asunto aún sin resolver. A menudo se recomienda kirsch, pero, haciendo honor a la verdad, diremos que en cada valle, en cada montaña, los nativos tienen costumbres diferentes. Un suave aroma se disputará el del queso, y será el de un seco vino blanco, que se añadirá cuando el queso vaya perdiendo su estado sólido. Otros ingredientes, como harina, pimienta y una nimiedad de ajo, se han de sumar tímidamente, incluso con avaricia. También hay gente que no lava la cacerola con licor, sino que la frotan con ajo y añaden el licor justo antes de degustar la fondue. En este aspecto hay que ser tolerante».

Después de estos consejos en materia de fondues, seguimos con otras recetas, que a veces sólo se diferencian en unos pequeños detalles. Una diferencia grande entre dos fondues sólo se aprecia empleando quesos distintos, como es el caso de la que sigue.

Las fondues de queso del mundo

Fondue de Roquefort
(Fotografía en página 27)

Esta fondue, así como la Ginebrina número uno, se toma del plato y no de la marmita.

50 gr de mantequilla - 0,3 l de vino blanco - 1 copita de coñac (2 cl) - 500 gr de Roquefort - 200 gr de queso Brie francés - 1/2 cucharadita de semillas de apio molidas - 1/2 cucharadita de flor de mirística (árbol de la nuez moscada) - pimienta negra.

Modo de preparación: Calentar en la marmita la mantequilla, junto con el vino y el coñac, hasta que se derrita. Después de desmenuzar el Roquefort y el Brie, echarlos en la marmita. Calentar hasta que se derritan los quesos, pero sin dejar cocer la masa. Condimentar y servir regulando la llama del hornillo al mínimo.

Modo de servir: Con pan Blinis (receta en pág. 120) o con pan blanco tipo pistola (receta en pág. 119), o con rollos de cebolla y tocino (receta en pág. 118) cortados en rebanadas y repartidos sobre los platos. Con la ayuda de un cazo, derramar la fondue sobre los platos. Se come con tenedor y cuchillo.

Fondue Campestre o para solteros

13 raciones de queso en porciones tipo «El Caserío» - 1 lata pequeña de champiñones - 1 copita de kirsch - pimienta.

Modo de preparación: Cortar el queso y los champiñones en trocitos pequeños. Introducirlos en la marmita y dejar derretir el queso a fuego lento. Añadir el kirsch y condimentar con la pimienta.

Nuestro consejo: También se pueden dejar los champiñones enteros e intentar pescarlos con los tenedores o pinchos.

Para sumergir en fondues de queso

Rebuscando en la despensa, en el supermercado del barrio o en las estanterías de las tiendas de especialidades, se pueden encontrar multitud de alimentos aptos para sumergir en las fondues de queso. Aparte del pan (ver pág. 20), he aquí algunas sugerencias:

Trozos de manzana; cabezas de coliflor (escaldadas 3 minutos en agua hirviendo con vinagre; sumergidas durante 30 minutos en agua helada y condimentadas con pimentón dulce); trocitos de apio; tacos de pepinos; tomatitos para cocktail; salchichas troceadas; quesitos en porciones; tacos de carne de pollo o gallina cocidos; gambas o langostinos; vieiras; ostras ahumadas; trozos de langosta; trozos de aleta de tiburón; trozos de atún claro; pulpo; conservas en vinagre, desde cebollitas a pepinillos; maíz tostado; pasas secas; albaricoques secos en trozos; trozos de coco, etc.

Las fondues de queso del mundo

Fondue de lonchas

1/2 diente de ajo o una hoja de cebolla - 1/4 l de vino blanco (Mosela) - 250 gr de queso Chester en lonchas - 250 gr de Emmental en lonchas - 1 copita de kirsch - pimienta blanca.

Modo de preparación: Frotar el interior de la marmita con el ajo o la cebolla. Verter el vino y dejarlo calentar lentamente. Cortar las lonchas de queso en partes muy pequeñas, echarlas junto con el vino y, sin dejar de remover, esperar a que se fundan. Aderezar la fondue con el kirsch y la pimienta blanca.

Modo de servir: Con pan rústico, por ejemplo, el de copos de avena de la receta de la página 119.

Nota: Esta fondue es imposible que salga mal o que se corte, pues las lonchas de queso se funden bien.

Fondue de requesón

Esta fondue se puede condimentar adicionalmente con hierbas de la temporada.

75 gr de mantequilla - 1 kg de requesón - 1/2 l de leche - 1 cucharada sopera rasa de harina - 1 pizca de sal común - 1 pizca de sal de apio - 3 gotas de Tabasco - 1 cucharadita rasa de pimentón - 4 yemas de huevo.

Modo de preparación: Derretir la mantequilla en la marmita. Mezclar bien el requesón con la leche hasta formar una crema sin grumos. Añadir ésta a la mantequilla y formar con la harina una masa homogénea. Mientras tanto, calentar lentamente y remover sin parar: la masa no debe hacer grumos. Mezclar los condimentos con las yemas de huevo y añadir el conjunto a la fondue de requesón. *¡No dejar cocer!* Servir sobre el hornillo.

Modo de servir: Comer con trozos de apio. O con pan, claro.

Fondue de Maguncia

1 trozo de corteza de tocino - 1 diente de ajo - 50 gr de tocino - 600 gr de queso de leche agria (tipo «Mainzer» o «Harser») - 1/4 l de leche - 1/4 l de vino blanco del Rin - 1 cucharadita de zumo de limón - 1 cucharada sopera rasa de fécula - 1 cucharada sopera de coñac - pimienta.

Modo de preparación: Frotar las paredes interiores de la marmita con la corteza de tocino y el ajo pelado. Picar el tocino y el ajo en trocitos menudos y freír todo junto en la marmita. Cortar el queso finamente y añadirlo, alternativamente y al mismo tiempo, con la leche a la marmita. Removiendo, hacer derretir el queso. Añadir el vino y el limón y dejar cocer ligeramente. En el momento que empiece a cocer, agregar el coñac y la fécula previamente mezclados. También, si se desea, se puede sumar otra cucharada de coñac. Dejar cocer y sazonar generosamente con la pimienta.

Modo de servir: Con pan de hogaza o integral.

Kaaspott de Gouda

Se trata de un plato tradicional holandés que se come en invierno. Consiste simplemente en una fondue hecha con queso holandés.

1 diente de ajo - 400 gr de queso Gouda bien curado - 200 gr de queso Gouda poco curado - 0,3 l de vino blanco (Rhône o Sancerre) - 2-3 cucharaditas rasas de fécula - 1 cucharadita de zumo de limón - pimienta - nuez moscada molida - 1 copita de ginebra (2 cl).

Modo de preparación: Untar el interior de la marmita con las mitades del diente de ajo. Rallar los quesos y verterlos en la marmita. Remover junto con el vino hasta hacer cocer la masa y hasta que se haya derretido todo el queso en la pasta burbujeante. Mezclar aparte la fécula y el zumo de limón y, si se desea, añadir algo más de vino. Agregarlo a

Las fondues de queso del mundo

la masa de queso, remover, y esperar a que vuelva a cocer. Condimentar con la pimienta y la nuez moscada y añadir la copita de ginebra. Servir.

Modo de servir: Servir con galleta salada de Holanda o pan blanco tierno.

Fondue Kernhem

Esta fondue se elabora con un queso especial, difícil de conseguir, de la región norteña alemana de Friesland. No obstante, incluimos esta receta por ser particularmente sabrosa.

1 diente de ajo - 50 gr de mantequilla - 1 cebolla - 400 gr de queso de Gouda fresco - 200 gr de queso Kernhem de Friesland - 0,3 l de vino blanco seco - 1 cucharadita de zumo de limón - 2 cucharaditas rasas de fécula - 1 cucharada sopera de perejil recién picado - 2 cucharadas soperas de vino seco de Oporto - pimienta.

Modo de preparación: Frotar la marmita con el ajo y derretir en él la mantequilla. Picar finamente la cebolla y tostarla en la mantequilla. Rallar el queso. Ahogar la cebolla picada con un poco de vino y el zumo de limón y añadir al mismo tiempo el queso. Agregar lentamente el resto del vino y, sin dejar de remover, esperar a que la masa alcance la textura adecuada. Añadir el perejil y el vino de Oporto una vez servida la fondue sobre el hornillo.

Modo de servir: Si se desea, se puede condimentar con pimienta. Servir con pan blanco.

Fondue Bols

La descubrimos hace muchos años en Holanda.

1 diente de ajo - 0,4 l de vino Château Tanesse A. C. Côtes de Bordeaux - 4 cucharaditas de zumo de limón - 400 gr de queso Gouda fresco - pimienta - nuez moscada molida - 4 cucharaditas rasas de fécula de patata - 1 ó 2 copitas de Bols Cherry (2-4 cl) o kirsch.

Modo de preparación: Frotar la marmita con el diente de ajo. Mezclar el vino con el limón y verterlo sobre la marmita precalentada. Llevar la mezcla a una ligera ebullición. Rallar el queso. Mantener el vino en el punto de cocción y añadir el queso. Esperar a que se derrita el queso removiendo constantemente. Diluir la fécula en el jerez, agregarlo a la masa de queso y volver a llevarlo al punto de ebullición. Aderezar con la pimienta y la nuez moscada.

Modo de servir: Con tacos de pan de centeno. Acompañar con el mismo vino.

A continuación otras cinco variantes basadas en derretir el queso en un líquido caliente.

Fondue de leche cuajada

Receta americana para reuniones de adolescentes.

500 gr de Emmental - 3 cucharadas soperas rasas de fécula - 1/2 cucharadita de sal - 1/4 de cucharadita de pimienta - algo de nuez moscada molida - 1/2 l de leche cuajada - 1 diente de ajo.

Modo de preparación: Rallar el Emmental y mezclarlo con la fécula, la sal, la pimienta y la nuez moscada. Calentar en la marmita la leche cuajada con el diente de ajo y después, sacarlo. Añadir un puñado del queso rallado, remover hasta que se haya derretido y volver a echar otro puñado. Continuar así hasta que se acabe el queso. Servir en la mesa.

Modo de servir: Con tacos de pan blanco.

Una fondue diferente: la fondue Roquefort, ▷
que se come del plato. Receta en página 23

Fondue Rosé

Esta receta fue descubierta por casualidad en un refugio de alta montaña de los Alpes. Nadie se había acordado de traer vino blanco; entonces, un montañero se dio cuenta de que llevaba vino rosado en un cantimplora y lo ofreció a la comunidad.

1 diente de ajo - 600 gr de quesos variados - 0,3 l de vino rosado - 1 cucharadita de zumo de limón - 3 cucharaditas rasas de fécula - 1 copita de kirsch (2 cl) - pimienta.

Modo de preparación: Según receta base de la pág. 15.

Un consejo práctico: También se puede probar con un rosado seco. De todas maneras, para acentuar el color rosa, se puede emplear zumo de tomate, o mejor aún, unos pellizcos de pimentón.

Nota: El color rosa sólo chocará a los aficionados empedernidos a la fondue de carne.

Fondue de cerveza

Curiosamente, en Estados Unidos llaman a esta receta «Fondue bávara», y en Alemania «Manhattan».

1/4 l de cerveza tipo Pilsen - 1/8 l de cerveza más fuerte - 600 gr de queso Chester - 1 cucharadita rasa de harina - 2 cucharadas soperas de agua - 1 cucharada sopera de zumo de limón - pimienta - 1 copita de kirsch (2 cl).

Modo de preparación: Cocer la cerveza removiendo constantemente. Trocear el queso y añadirlo poco a poco. Remover hasta que se haya fundido. Diluir la harina en el zumo del limón y el agua y verterlo en la marmita. Dejar hervir. Cuando la masa haya espesado, servir la fondue sobre el hornillo, añadir el aguardiente y sazonar con la pimienta.

Modo de servir: Con trozos de pan de centeno.

Fondue au Champagne

Hay personas cuyo paladar exige lo mejor. He aquí una fondue pensada para ellos.

1/2 diente de ajo - 400 gr de Emmental - 200 gr de Gruyère - 0,3 l de champán extra seco - 1 cucharadita de zumo de limón - 3 cucharaditas rasas de fécula - pimienta.

Modo de preparación: Según la receta base de la página 15; sólo que, en vez de emplear vino blanco, utilizar champán.

Nota: El bouquet y el goût del champán deben ser excelentes. No obstante, esto sólo será necesario si los invitados *saben* que se ha empleado champán (también sirve un vino espumoso muy seco). Un método más ostensible para saber que se ha empleado champán sería:

Variante: Emplear, en vez del champán, 0,2 l de vino blanco; una vez servido en la mesa, añadir una copa de champán espumoso ligeramente caliente.

Fonduta del Piamonte con trufas

Se trata de una fondue para los paladares más finos. La receta es originaria del Piamonte italiano, donde las trufas se encuentran sin la menor dificultad.

400 gr de queso Fontine - 1/4 l de leche - 4 huevos - 1 cucharada sopera de mantequilla - sal - pimienta blanca - aproximadamente 40 gr de trufas blancas.

Modo de preparación: Cortar el queso en trozos pequeños y sumergirlos en la leche durante 4 horas. Batir los huevos. Sacar el queso de la leche, dejar que gotee ésta y, junto con los huevos y la mantequilla, calentarlo a fuego muy lento. El queso debe fundirse, pero la masa no debe cocer; de lo contrario, se cuajarían los huevos. Condimentar con sal y pimienta. Cuando se haya formado una crema espesa, se sirve en la mesa, regulando el fuego al

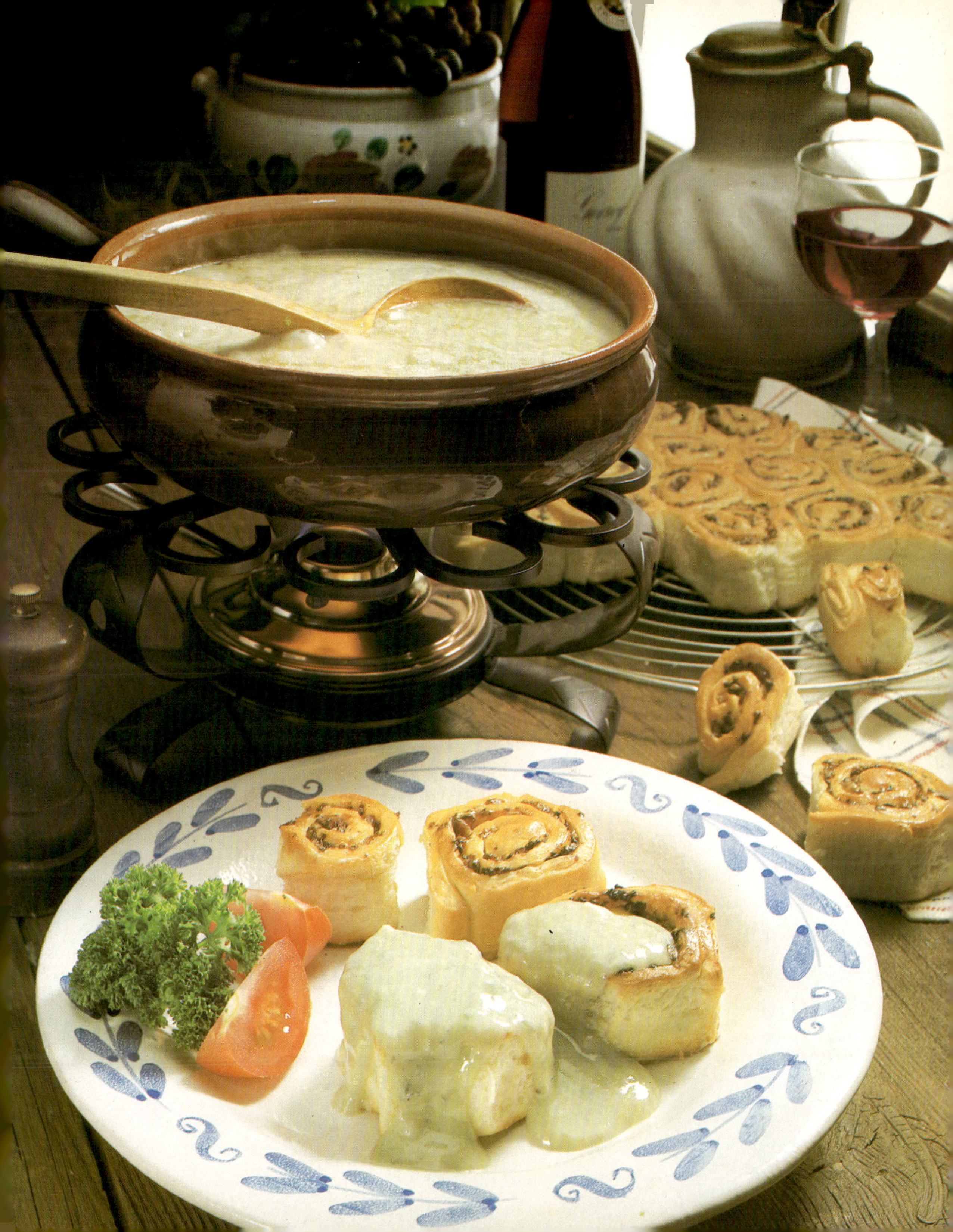

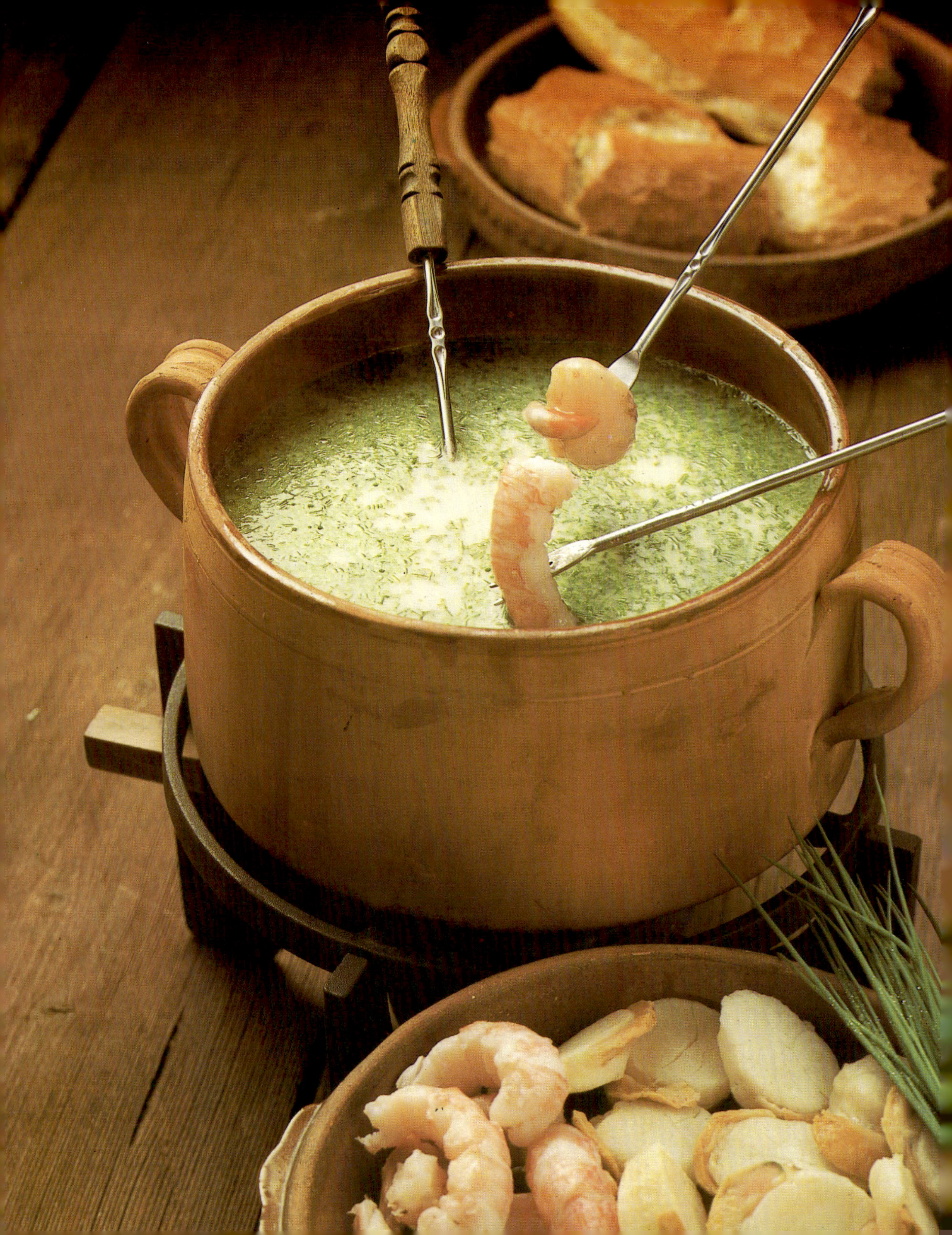

Fondue de eneldo: una exquisita fondue de mariscos. Receta en página 30

mínimo, lo suficiente para mantener caliente la fondue. Agregar las trufas finamente ralladas.

Modo de servir: Con pan blanco, tipo pistola, cortado en tacos de forma alargada, aproximadamente del grosor de un dedo meñique. Probar también con pan Blinis Weisham, cuya receta se encuentra en la página 120.

Nota: Este y otros muchos quesos italianos adecuados para fondue pueden adquirirse en supermercados bien surtidos y tiendas especializadas.

Fonduta italiana
(Fotografía en página 17)

300 gr de queso Provolone - 300 gr de queso Gorgonzola - 1/4 l de leche - 4 huevos - 1 cucharada sopera de mantequilla - sal - pimienta blanca.

Modo de preparación: Como la anterior receta de fonduta (pág. 21).

Modo de servir: Con trozos de pan blanco y con rodajas de champiñón fresco.

Fonduta al estilo del Hotel Danieli

Como en otros muchos platos preparados por cocineros profesionales, no existe una receta concreta para esta fondue. No obstante, se puede preparar de la siguiente manera:

500 gr de queso Fontina - 4 cucharadas soperas de mantequilla - 3 yemas de huevo - un poco de buen vino blanco o cerveza clara - trufas blancas.

Modo de preparación: Derretir los trozos, previamente cortados, del queso Fontina junto con la mantequilla al baño maría. Añadir las yemas de huevo y remover hasta que se forme una crema espesa. Agregar entonces el vino o la cerveza. Remover y sazonar con la sal y la pimienta. Servir la fondue con el hornillo a fuego muy lento y espolvorear por encima las trufas ralladas.

Modo de servir: Con barritas de pan blanco, según lo indicado en la receta fonduta del Piamonte.

Nota: También se puede comer con tenedor y cuchillo, rociando la fonduta sobre rodajas de pan blanco tostado.

Fondue à la Périgueux

Esta y las siguientes fondues se sirven con trufas negras o de invierno.

1 diente de ajo - 400 gr de Gruyère - 200 gr de Emmental - 0,3 l de vino blanco (lo auténtico, Bergerac seco; lo *snob,* champán extra seco) - 1 cucharadita de zumo de limón - 3 cucharaditas rasas de fécula - 1 copita de aguardiente de orujo (2 cl) - pimienta blanca - 2 trufas negras.

Modo de preparación: Según receta básica de la página 15. Al final, esparcir sobre la masa de queso las trufas picadas o cortadas en rodajas finas.

Nota: En vez de kirsch, se emplea aguardiente de orujo. Lo ideal sería el aguardiente de orujo de Chablis, aunque el más fácil de conseguir es el de Bourgogne.

Fondue à la Périgueux en Grand Gala

400 gr de Gruyère - 100 gr de Vacherin à fondue - 100 gr de queso Walliser o Gomser (graso y aromático) - 0,3 l de vino blanco tipo Neuenburg o similar - 1 cucharadita de zumo de limón - 3 cucharaditas rasas de fécula - 2 copitas de aguardiente de orujo (ver pág. 35) - 2 trufas negras.

Modo de preparación: Preparar la fondue según receta base (pág. 15). Una vez servida en la mesa, agregar el aguardiente de orujo calentado previa-

Las fondues de queso del mundo

mente. Sin remover, esperar a que se caliente un poco más. Entonces, flamear el aguardiente con una cerilla y esperar a que se apague por sí mismo. Añadir entonces las trufas cortadas en rodajas.

Consejo: Recortar las rodajas de trufas formando diversas figuras, como corazones, etc. Sólo recomendable para los cocineros y cocineras que dispongan de tiempo y paciencia.

Fondue Hermitage

Esta fondue se hace sin zumo de limón, por lo tanto hay que tener cuidado para formar la crema de queso y para que no se separe del vino.

1 diente de ajo - 0,4 litros de vino blanco seco - 1 trozo de mantequilla del tamaño de una nuez - 200 gr de Walliser o Gomser – 200 gr de Gruyère – 1 copita de aguardiente de orujo (ver pág. 35) - pimienta blanca.

Modo de preparación: Frotar el interior de la marmita con las dos mitades del ajo y cocer en él la mitad del vino. Agregar la mantequilla. Cortar el Walliser en rodajas finas y rallar el Gruyère. Echar ambos quesos en la marmita y, sin parar de remover, esperar a que cueza la masa. Verter el aguardiente de orujo y condimentar con la pimienta. Servir sobre el hornillo con llama mediana, para que siga cociendo suavemente.

Nota: En esta fondue es especialmente importante, remover con el pincho al untar el pan, si no se cortará. También es conveniente tener un cucharón de madera a mano para remover de vez en cuando.

Fondue Formidable

Esta fondue fue inventada expresamente para un programa de televisión por Vico Torriani.

1 diente de ajo - 400 gr de queso Gruyère - 200 gr de Emmental - 0,3 l de vino blanco tipo Neuenburg - 1 cucharadita de zumo de limón - 1 copita de licor de pera (2 cl) - pimienta.

Modo de preparación: Proceder según receta de la página 15, sólo que, en vez de tomar kirsch, añadir licor de pera.

Modo de servir: Cortar trozos de pera, del mismo tamaño aproximadamente que los trozos de pan. Rociarlos con zumo de limón, para que no amarilleen demasiado deprisa. Pincharlos con el tenedor, junto con el pan, y sumergirlos en la masa de queso. Y... ¡que aproveche!

Nota: Las hierbas y especias dan un toque siempre nuevo y original a cualquier fondue.

Fondue de eneldo
(Fotografía en pág. 28)

Aunque el nombre del condimento con que se adoba esta fondue pueda parecer exótico, se puede encontrar fácilmente en herbolarios.

600 gr de Gruyère - 0,3 l de sidra - zumo de limón - 3 cucharaditas rasas de fécula - 1 cucharadita de kirsch - 1 cucharada sopera colmada de eneldo fresco o bien 2 cucharaditas rasas de eneldo desecado – pimienta blanca – 10 vieiras – 500 gr de gambas.

Modo de preparación: Seguir las instrucciones generales de la receta básica (pág. 15), pero sin emplear demasiado kirsch, pues podría trastocar o confundir el aroma y el sabor del eneldo. Espolvorear, todavía en la cocina, el eneldo, sobre todo si está ya desecado. Cortar las vieiras en rodajas y exprimir sobre ellas algunos limones. Decorar la mesa con platos de gambas.

Modo de servir: Comer las vieiras y las gambas pinchadas en los tenedores solas o con pan blanco. El eneldo condimenta especialmente bien las gambas, el langostino y el cangrejo. Y, además, hace que combinen bien entre ellos.

Un consejo útil: El kirsch puede sustituirse por Aquavit u otro aguardiente similar.

Las fondues de queso del mundo

Fondue a la mode

Así se llama la siguiente fondue de marisco. Las gambas y el langostino se dejan «pinchar» especialmente bien.

1 diente de ajo - 400 gr de Emmental - 200 gr de queso Sbrinz - 0,3 l de vino blanco (tipo Neuenburg) - 1 cucharadita de zumo de limón - 3 cucharaditas rasas de fécula - 2 cucharaditas de kirsch - 1 cuchara sopera de eneldo picado - pimienta - 1 cucharadita de peripollo picado.

Modo de preparación: Según receta base de la página 15. Condimentar espolvoreando las hierbas sobre la masa de queso.

Modo de servir: Acompañar con gambas, langostinos, cabezas de champiñón y cebolletas. Servir con pan blanco.

Fondue variada

1/2 diente de ajo - 400 gr de queso Gruyère - 0,2 l de vino blanco - 1 cucharadita de zumo de limón - 3 cucharaditas rasas de fécula - 1 copita de kirsch o de aguardiente de orujo o aguardiente de pomelo (grappa) - pimienta.

Modo de preparación: Proceder conforme a lo indicado en la receta base de la página 15. En vez de kirsch, se puede emplear aguardiente de orujo o de pomelo.

Modo de servir: Los trozos de pan se tuestan. Junto a la fondue, se sirven platitos con maíz tostado, aceitunas rellenas, anchoas, taquitos de jamón y salchichón, etc.

Cómo rallar y cortar el queso

Para que el queso se derrita bien en la marmita es necesario reducirlo previamente a trozos pequeños. Para ello se pueden seguir tres métodos: *a)* cortar el queso en taquitos pequeños; *b)* cortarlo en lonchas finas, y *c)* rallarlo (no hace falta que se ralle muy finamente). La elección depende del grado de maduración o curación del queso en cuestión. Si es fresco o blando, se puede cortar en trocitos o en lonchas. Si es maduro, sólo se puede rallar; habría que cortarlo en trocitos muy pequeños para que se funda bien, y eso requiere mucho trabajo innecesario.

A continuación, una indicación para los quesos más importantes. Ver también la relación de 30 quesos en la página 36:

El Emmental, tipo Allgau, se ralla - el Appenzeller se añade a la masa en trocitos - el Edamer se corta en lonchas o se ralla - el Vacherin de Friburgo se corta en lonchas o se ralla - el Gouda fresco, en lonchas; el curado se ralla - el Gruyère se ralla o se corta en lonchitas muy finas - el Sbrinz se ralla - el Emmental suizo se ralla - el Tilsiter se corta en cubitos pequeños - el Walliser se corta en lonchas delgadas.

Nota: Cuanto más maduro el queso, mejor resultará la fondue.

Las fondues de queso del mundo

Otras fondues de especias

La receta base de la página 15 se presta a muchas variantes:

Fondue al curry

Modo de preparación: Condimentar la masa de queso con polvos de curry hasta que adquiera un color amarillento.

Modo de servir: Pinchar los trozos de pan junto con taquitos de Mangochutney.

Nota: Si se prefiere, en vez de curry, se puede emplear azafrán.

Fondue al comino

Modo de preparación: Añadir, en la cocina, 1-2 cucharaditas de comino a la masa de queso; o bien servir en la mesa un platito con cominos, para que cada cual se condimente su bocado según su propio gusto.

Variante: Si se muelen los caminos previamente (1/2-1 cucharadita), la fondue adquiere un sabor distinto.

Fondue Infierno

Modo de preparación: Una vez servida la fondue en la mesa, añadir 1 cucharadita de Tabasco y remover.

Nota: El Tabasco confiere a la fondue un sabor picante y fuerte que excita la sed, y exige que se acompañe con pan fuerte o Blinis Weisham (ver pág. 120). Las gambas y los langostinos también admiten bien el sabor picante de la Fondue Infierno.

Fondue con mostaza

Modo de preparación: Añadir a la fondue, justo antes de servirla en la mesa, 1 cucharada sopera de mostaza fuerte. Agregar al mismo tiempo 1 gota de Tabasco y un pellizco de pimienta negra molida.

Nuestro consejo: Esta fondue se presta muy bien para acompañar con salchichas de Frankfurt o taquitos de carne.

Fondue al ajo

Modo de preparación: En vez de frotar la marmita con las mitades del diente de ajo, cortar muy picaditos 3 dientes y agregarlos a la masa hirviendo de queso; o bien triturar 2-3 dientes en el mortero y añadir el jugo.

Fondue con salsa de asado

Modo de preparación: Añadir, una vez servida la fondue en la mesa, 2 cucharadas soperas de salsa de asado (de la que haya sobrado, o bien comprada ya preparada).

Fondue de estragón

Modo de preparación: Tres días antes de preparar la fondue, sumergir algunas hojas de estragón en el vino con que se vaya a hacer ésta. Cocer el queso con el vino así condimentado.

Fondue de setas 1

Modo de preparación: Agregar a la fundue ya hecha 50 gr de setas por persona, secadas, sofritas y picadas. Las setas que mejor se prestan para esta fondue son: cantarela, boleto o champiñón.

Las fondues de queso del mundo

Fondue de setas 2

Modo de preparación: Machacar en el mortero 50 gr de setas secas (boletos) con 1/2 cucharadita de nuez moscada, hasta reducirlas a un fino polvo. Guardar la mezcla en un frasco cerrado herméticamente, así la podremos utilizar en sucesivas fondues. Cada vez que se prepare esta fondue agregar una cucharadita de este polvo.

Nota: Puesto que también condimenta muy bien salsas y carnes asadas, es posible que el frasco se acabe antes de lo que imaginábamos.

Fondue Italiana

Modo de preparación: Añadir a la fondue 1 cucharada sopera de tomate frito, 1 cucharadita de albahaca molida y 1 cucharada sopera de salami cortado en taquitos muy pequeños.

Fondue de cebollinos

Modo de preparación: Una vez servida la fondue en la mesa, esparcir por encima 1 ó 2 cucharadas soperas de cebollinos (o, en su defecto, de perejil) recién picados.

Fondue de aceitunas

Modo de preparación: Todavía en la cocina, añadir a la masa de queso 8 aceitunas cortadas en rodajitas, 3 anchoas troceadas y un diente de ajo muy picadito.

Fondue de hierbas

Modo de preparación: Añadir a la fondue ya servida en la mesa 2 cucharadas soperas de hierbas (sobre todo perejil, un poco de estragón y una pizca de menta), así como 50 gr de tocino frito cortado en taquitos muy pequeños. También se puede añadir un par de lonchas de bacon frito y desmenuzado.

Nota: El bacon debe quedar muy frito, más bien duro, para que se deshaga con facilidad.

Fondue de cebollas

Al final de esta serie de fondues de especias, incluimos una de cebollas, que a nosotros nos gusta especialmente.

1 diente de ajo - 400 gr de Gruyère - 200 gr de Emmental - 0,3 l de vino blanco seco - 1 cucharadita de zumo de limón - 3 cucharaditas rasas de fécula - 1 copita de coñac (2 cl) - pimienta negra - 1-2 cebollas grandes - 1 cucharada sopera de mantequilla.

Modo de preparación: Proceder según la receta básica de la página 15. Picar al mismo tiempo las cebollas y freírlas en la mantequilla. No dejar que la cebolla tome color. Añadirla a la fondue y dejar que cueza otro rato antes de servirla.

Variantes: Cocer junto con el queso 10 cebollitas pequeñas (ascalonias). O freír aparte las cebollas en grasa de tocino hasta que estén crujientes, y añadirlas a la fondue antes de servirla. O añadir desde un principio 2 cucharadas soperas de cebollitas en vinagre. En este caso, prescindir del zumo de limón.

Nuestro consejo: Esta fondue sabe especialmente bien si, además del pan, se sumergen en el queso fundido taquitos de salchichas de Frankfurt o vienesas.

Y así llegamos a la siguiente serie de fondues, cuyas variantes afectan precisamente a lo que se sumerge en ellas.

Las fondues de queso del mundo

Fondue de hamburguesas

Empecemos por la más conocida de todas.

Los mismos ingredientes que los de la receta base (pág. 15), excepto: sólo 400 gr de queso - 0,2 l de vino - 2 cucharaditas de fécula.

Para las hamburguesas: 1/3 de barra de pan blanco tipo pistola - 150 gr de carne picada de vaca - 150 gr de carne picada de cerdo o cordero - 1 cebolla - pimienta negra - sal - 1 huevo - perejil picadito - algo de mejorana - harina - aceite.

Modo de preparación: Según receta base de la pág. 15. Mojar el pan y exprimir el agua. Rallar la cebolla. Mezclar la masa de pan y la cebolla junto con los demás ingredientes, desde la carne picada a la mejorana. Amasar el conjunto hasta conseguir una pasta consistente y picante. Preparar con las manos mojadas bolas del tamaño de una cereza. Pasarlas por el plato de harina y freírlas en aceite muy caliente. Se sirven sustituyendo al pan.

Fondue Parmentier

Llamada así en honor de Antoine Parmentier, boticario francés impulsor del cultivo de patatas en Europa e inventor de la sopa de patatas.

Ingrecientes de la receta base (pág. 15) - comino - 1 copita de Vodka (2 cl) – 1 kg de patatas.

Modo de preparación: Condimentar la fondue con comino y alcoholizarla con el Vodka. Cocer las patatas sin que queden demasiado blandas. Cortarlas en tacos y pincharlas, sustituyendo al pan, con los tenedores.

Modo de servir: Adicionalmente, se pueden servir pepinillos y taquitos de queso pâté.

Nota: Leer la nota acerca de las patatas de la fondue Ranchera en la página 84.

Fondue de plátano

Para acompañar, recomendamos un rosado suave. También recomendamos servir en la mesa un frasco de Mango Chutney.

Ingredientes de la receta base (pág. 15), sólo que utilizar únicamente queso Emmental.

Además, por persona: 2 cucharadas soperas de Corn-flakes - 2 plátanos.

Modo de preparación: Añadir a cada servicio dos platitos; uno con los Corn-flakes y otro con los plátanos cortados en tacos.

Modo de servir: Pinchar el taco de plátano, sumergirlo en el queso burbujeante, rebozarlo en los Corn-flakes, y... ¡adentro con él!

Variante: Se puede dar un toque exótico a la fondue empleando ralladuras de coco en vez de los Corn-flakes.

Fondue a la española

Un Rioja tinto combina estupendamente con esta fondue.

Ingredientes de la receta base (pág. 15), sólo que utilizar 400 gr de Emmental y 200 gr de queso de cabra.

Además, por persona: 5-10 aceitunas rellenas de pimentón - 5 aceitunas rellenas de almendra - 5 aceitunas rellenas de anchoa - pan de copos de avena (receta en pág. 119).

Modo de preparación: Igual que la receta base, pero tratando de que salga más bien picante.

Modo de servir: Comer con el pan hecho en casa y con las aceitunas. Naturalmente, también se puede servir con pan blanco normal.

Las fondues de queso del mundo

Fondue a la francesa

Hace algún tiempo era difícil encontrar los distintos quesos de esta fondue.

200 gr de queso Beaufort - 200 gr de Gruyère - 100 gr de queso Cantal - 2 cucharadas soperas rasas de harina - 1 diente de ajo - 1/4 l de vino tipo Chablis o Sancerre - sal - pimienta - 1 1/2 cucharadas soperas de mantequilla - 4 cucharadas soperas de nata - 3 cucharadas soperas de kirsch.

Modo de preparación: Cortar o rallar el queso e introducirlo, junto con la harina, en una bolsa de plástico. Sacudir bien el contenido. Calentar ligeramente el diente de ajo en el vino y sacarlo. Verter poco a poco el queso en el vino muy caliente y, removiendo con cuidado, llevarlo a ebullición. Cada tanda de queso debe fundirse bien antes de añadir la siguiente. Sazonar con la sal y la pimienta, añadirle la mantequilla y, a cucharadas, la nata. Una vez espesa la masa, agregar el kirsch.

Modo de servir: Servir con pan blanco tipo pistola. (Ver también receta en pág. 119).

Un consejo útil: Si la pasta resulta demasiado espesa, diluirla con algo de vino.

Fondue a la Pizza

Con esta receta se matan dos pájaros de un tiro: se saborea al mismo tiempo una pizza y una fondue.

1 diente de ajo - 1 cebolla - 100 gr de carne picada - 2 cucharadas soperas de mantequilla - 350 gr de queso Fontina - 150 gr de queso Mozzarella - 0,2-0,3 l de vino blanco - 1 cucharada sopera rasa de fécula - 1 cucharadita de zumo de limón - pimienta - 1 cucharadita de orégano.

Modo de preparación: Frotar el interior de la marmita con el diente de ajo partido. Picar el ajo y la cebolla y mezclarlos con la carne picada. Freír la masa de carne en la mantequilla hasta que pierda su color rojizo. Cortar los quesos y añadirlos a la carne. Agregar el vino y esperar a que cueza. Diluir la fécula en el zumo de limón y agregarla a la fondue. Remover bien y condimentar con la pimienta y el orégano.

Modo de servir: Comer con diente de ajo fritos (receta en pág. 124). A la hora del «coup du milieu», beber una copa de aguardiente de pomelo (grappa).

Aguardientes para fondues

En las fondues de queso se utiliza el alcohol, tanto para condimentar la masa de queso fundido como para beber de la copa. Esto último pertenece al ritual de las fondues, se llama «coup du milieu» y se bebe cuando el queso va por la mitad.

Como Suiza es la patria de las fondues, es costumbre utilizar kirsch o aguardiente de ciruelas, muy típico en el país. Estos aguardientes tiene 45º de alcohol. También se puede emplear un aguardiente de pera, pero puro y sin azúcar.

Asimismo se prestan especialmente bien los aguardientes de orujo, hechos con los restos de uva que quedan después de pisarla. Particularmente, recomendamos los aguardientes de orujo de Borgoña, de Champagne o el suizo Dôle.

Otro aguardiente apropiado es el Grappa italiano. Sugerimos, sobre todo, el Grappa di Dolcetto Alba. Pero, en general, los hay en todas las regiones italianas.

Los demás aguardientes están supeditados a recetas concretas o a los gustos personales.

La Raclette es una fondue un tanto especial. En la fotografía, un juego de sartenes individuales. Receta en página 40

Fondue Mexicana, servida en frío

8 cucharadas soperas de ketchup picante (al chile) - 2 porciones de queso fundido (Gervais) - 1 cucharada sopera de zumo de limón - 1 pizca de ajo en polvo - 1/4 cucharadita de Tabasco - 1/4 l de nata cuajada - 2-3 cucharadas soperas de jerez seco.

Modo de preparación: Remover todos los ingredientes, hasta formar una salsa fuerte y picante.

Modo de servir: Acompañar con galletas de queso, tacos de pan o con patatas fritas.

Treinta quesos para fondue

Emmental tipo Allgau, queso duro de color amarillo mate, sabor suave que recuerda al de la nuez. Se ralla bien a los 6 meses de curado.

Appenzeller, queso semiduro, de sabor fuerte. Utilizar en la fondue como queso secundario. Sumergirlo una hora antes de su consumo en sidra.

Asagio, queso duro, de vaca. Proviene de Vicenza, Italia. Sabor fuerte y picante. Utilizarlo para condimentar.

Beaufort, queso duro de Saboya. Sustituye muy bien al Gruyère (50:50) para hacer una fondue picante.

Bel Paese, queso de vaca cremoso. Proviene de Italia. Tonalidad amarilla y aroma lácteo. Combinar con quesos más fuertes.

Caerphilly, queso galés semiblando. Es el queso clásico para la preparación de Welsh Rarebits, especie de fondue que se come con cuchillo y tenedor.

Cantal, el queso más antiguo de Francia. Semiduro y aromático. Degustar antes de comprarlo, porque tiene diferentes sabores.

Cheddar, queso de vaca inglés de pasta tierna y sabor suave. Es el queso más popular para fondues en los EE.UU.

Chester, queso inglés que cambia de sabor según su edad: si es joven, resulta suave; si está bien curado, fuerte y aromático. Se puede utilizar sin mezclarlo con otro queso, pues funde muy fácilmente.

Comté, queso duro francés parecido al Gruyère, por lo que se utiliza mucho para fondues en América.

Danbo, queso danés para cortar en lonchas aderezado a veces con cominos. En las mezclas para fondues se puede utilizar como queso secundario.

Edamer, queso holandés para lonchas, aunque más suave que el anterior. Parecido al queso de bola. Se presta bien para fondues, solo o mezclado con otros más fuertes.

Emmental, queso fuerte de los cantones alpinos del centro de Suiza. Sabor suave que sugiere el de las nueces frescas. Junto con el Gruyère, es el queso clásico para fondues.

Fontina, queso graso italiano de aroma suave. De sabor dulce, llega a disolverse en la boca. Es básico para preparar fondues italianas, fondutas.

Gouda, queso de vaca que proviene de Holanda. Su pasta es muy consistente y su sabor poco pronunciado en los tipos madurados de 5 a 8 semanas. Apropiado para fondues para niños. Ambas características se acentúan en los tipos curados de 2 a 6 meses. A partir de los 6 meses de maduración se vuelve especialmente fuerte y picante; apropiado, por tanto, para fondues de estas cualidades.

Gruyère, queso hermano del Emmental que se produce en la Suiza occidental. Característico por sus típicos agujeros del tamaño de un guisante. Si tiene pequeñas hendiduras es señal de excelente calidad. Algo más fuerte y aromático que el Emmental. Es el queso para fondue «par excellence».

Havarti, versión danesa del queso Tilsiter. Semiduro, con agujeros de distinto tamaño. De sabor ligeramente agrio. Le da a la fondue un sabor especial.

Montasio, queso duro de Italia, que se utiliza rallado como condimento en las fondues. Parecido al Parmesano.

Mozzarella, queso de las regiones italianas del Lacio y Campania. Su pasta es absolutamente blanca y elástica; su sabor, lácteo y dulce. Va bien con fondues que se hagan con leche. No admite el vino y debe calentarse con cuidado.

Mysost, queso dulce de Noruega hecho con leche de cabra y de vaca mezcladas. De color pardo ana-

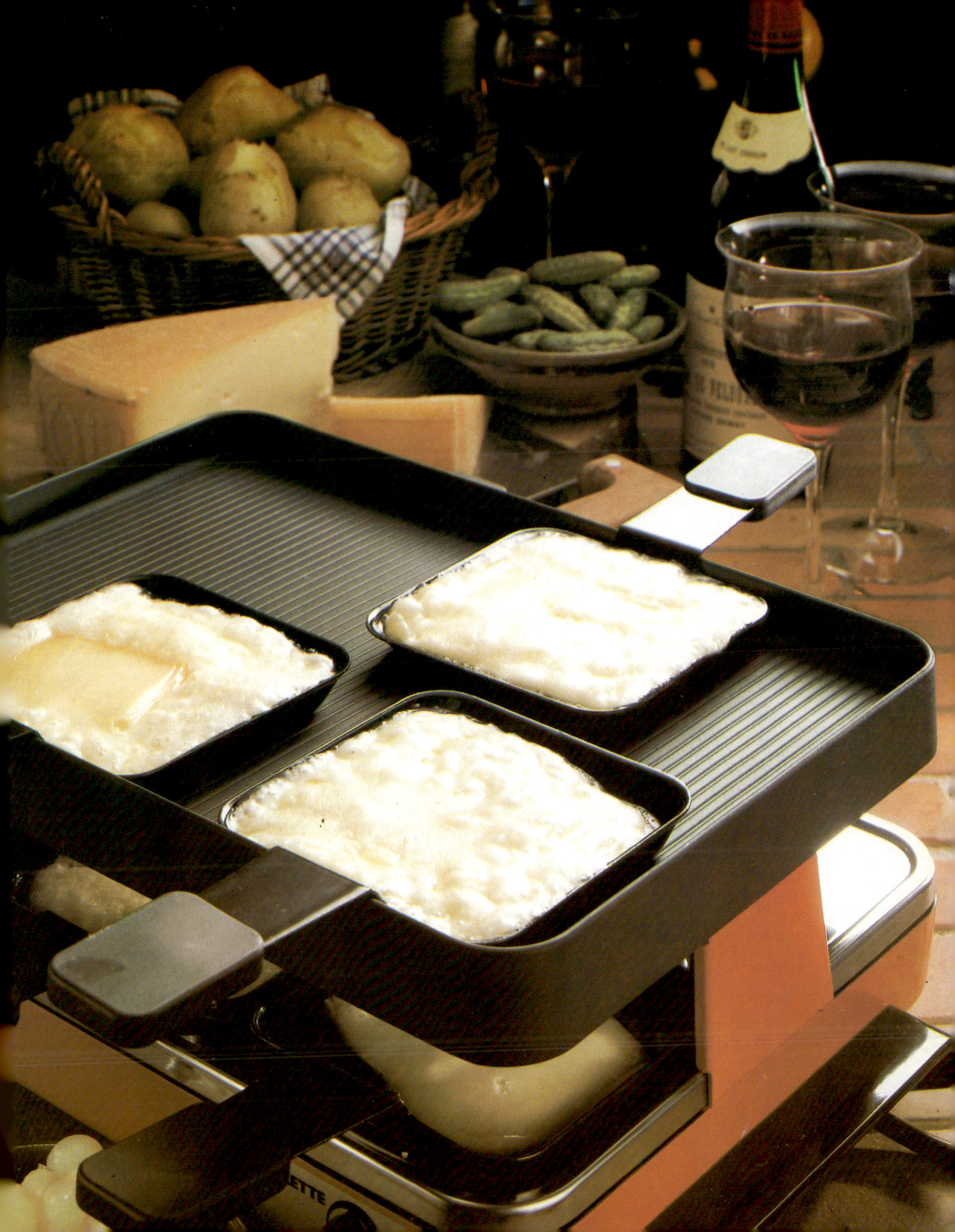

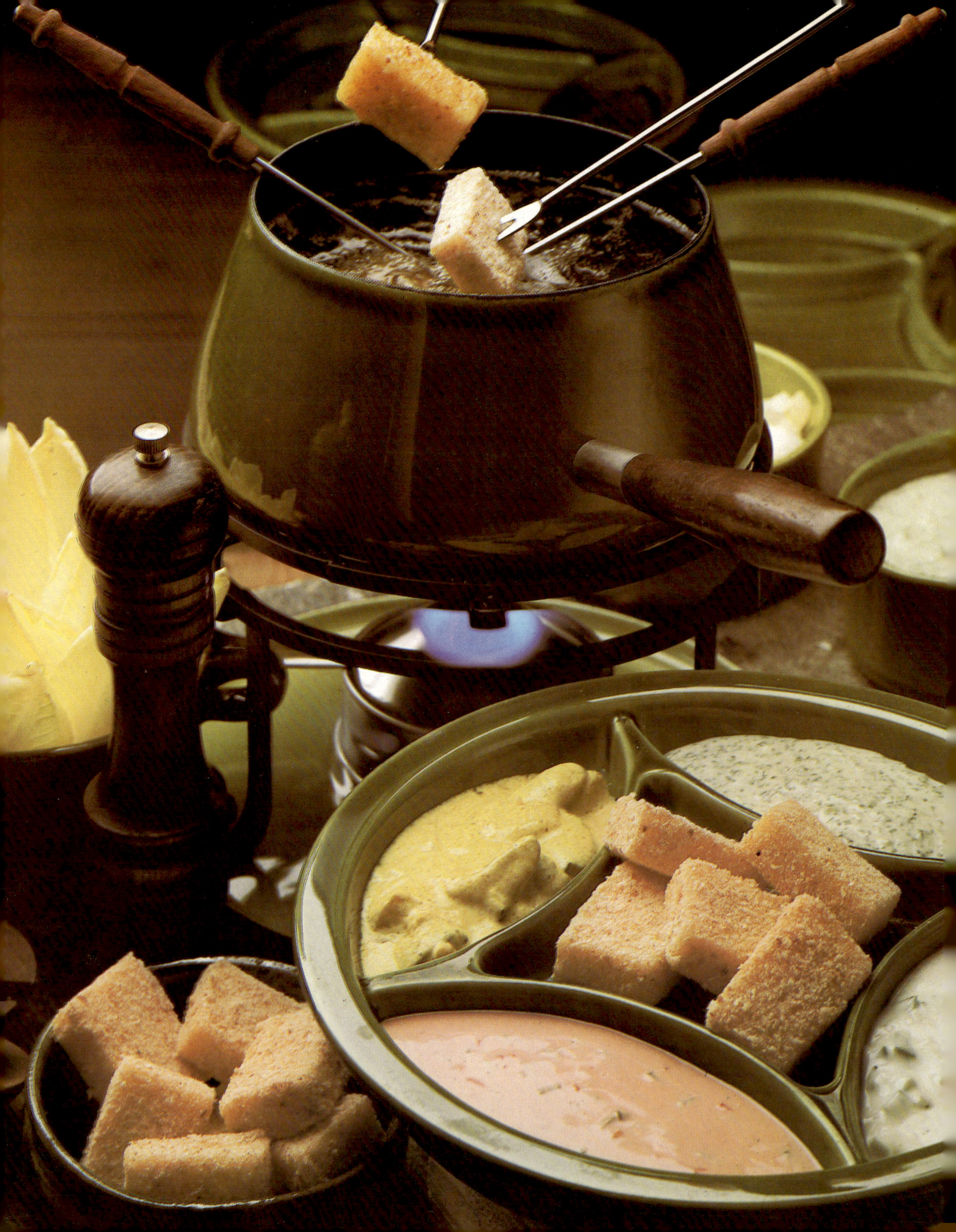

El queso también se puede freír en aceite. En la fotografía, una fondue de queso a la Bourguignonne. Receta en página 45

ranjado. Tiene un sabor parecido a un bombón de nata y se utiliza para aderezar platos.

Parmesano, en italiano Parmigiano, de leche descremada, corteza dura, masa compacta y sabor muy característico, algo picante. Va bien con cualquier fondue, a la que da un sabor especial.

Pecorino, queso italiano de oveja que se parece a un Parmesano pequeño. Sabor picante. También se utiliza para aderezar.

Provolone, proviene del Sur de Italia. Se presenta atado con cuerda. De corteza dura y lisa, y pasta compacta y tierna. De sabor dulce o picante según el tiempo de maduración, que va de dos a seis meses.

Samsø, queso danés para cortar en rodajas. Su sabor recuerda al de las nueces. Si es fresco, sabe suave; pero conforme aumenta el tiempo de curado, se vuelve más fuerte y picante. Se derrite bien y puede sustituir al Emmental.

Sbrinz, queso suizo, de pasta compacta, dura, con ojos muy pequeños del tamaño de la cabeza de un alfiler. Su tiempo de maduración va de 2 a 4 años. Se utiliza en las fondues para aderezarlas.

Schabzieger, queso magro que proviene de la región de Glarner, en Suiza. Se elabora empleando hojas de trébol y otras hierbas. Su aroma es inconfundible, y se emplea como aderezante.

Tilsiter, queso de color amarillo-oro y ojos muy pequeños. Es el queso alemán conocido. De sabor seco y ligeramente agrio. Un Tilsiter maduro va bien para fondues fuertes. No hace falta mezclarlo con otros quesos.

Vacherin à Fondue, no confundir con el queso cremoso del mismo nombre que se vende en porciones. El Vacherin à Fondue es mucho más compacto y necesita tres meses de curación. Se utiliza en la fondue de Friburgo. No debe cocer.

Velveta, queso fundido que se puede comprar en tres fases distintas de curación. Se presta muy bien para toda clase de fondues por la facilidad con que se derrite.

Walliser (Gomser, Bagnes), queso de los altos Alpes suizos. Rico en materia grasa. De aroma fresco y oloroso. Es el queso ideal para la preparación de raclettes, pero también se puede utilizar en fondues.

Nota: Si se tienen problemas a la hora de seleccionar los quesos para una fondue, siempre se puede echar mano de paquetes de quesos especialmente preparados para fondues. La buena mezcla está garantizada. La firma Kraft comercializa incluso un paquete de «Fondue suiza» que, además de los quesos, incluye el vino, el kirsch y demás ingredientes.

Raclette - queso fundido

Por último, y para finalizar el capítulo de quesos, incluimos otra modalidad de fondues para comer en comunidad: la raclette. Se trata de la primitiva fondue tal y como hoy se la conoce. Leamos en primer lugar una introducción literaria al tema, perteneciente a una colección de cuentos de Johanna Spyri: «El viejo se sentó sobre su taburete de patas de raíz y atizó la hoguera ya casi extinguida. A ella acercó, ensartado en un pincho de hierro, un gran trozo de queso al que daba constantes vueltas. Cuando terminó de dorar el alimento por todos los lados, el abuelo lo llevó a la mesa y lo colocó sobre una rodaja de pan... El niño comió con apetito aquel queso que se desbordaba por los lados del pan, y, entre bocado y bocado, bebió leche».

Es en la temporada invernal cuando los paisanos de la región suiza de Wallis tienen la costumbre de comer esta variedad de fondues. En primer lugar, eligen un queso Gomser bien curado y lo cortan en lonchas. Sobre el mismo cuchillo con que la han cortado, sostienen la loncha sobre las llamas de una estufa de madera abierta, hasta que se derrite la parte expuesta al calor. En el momento preciso —hay que ser un experto para saber el momento justo—, extienden el queso sobre un plato calentado previamente.

A continuación, lo comen acompañado de un par de patatas cocidas, dos cebollitas en vinagre y un trozo de pepinillo. Eso sí, ponen mucha atención en comerlo cuando todavía está caliente y líquido.

Las fondues de queso del mundo

En la fotografía de la página 37 se observa una estufa especial para raclettes de la firma Melior, apropiada tanto para un uso regular como para grandes invitaciones.

Raclette
(Fotografía en pág. 37)

Queso Gomser o Bagnes - patatas cocidas - cebollitas en vinagre - pepinillos en vinagre - sal - pimienta.

Modo de preparación: Estos quesos son los que mejor se prestan para hacer raclettes, pues son grasos y se dejan derretir bien. Si se dispone de chimenea francesa, sostener las lonchas, con la ayuda de tenedores para fondue, sobre el calor. Cuando se empiece a derretir, extender el queso sobre los platos precalentados, como se ha descrito más arriba. El señor de la casa, que debe ser el cocinero, apenas si llega a comer, pues cuando el primer invitado haya terminado su primera ración, el último ya ha tenido que ser servido. Por tanto: o se es muy hábil y rápido, o se pide a los invitados colaboración.

Importante: Los platos deben mantenerse calientes, para que no se solidifique el queso una vez extendido.

Consejo útil: Si no se encuentra queso Gomser, se puede utilizar otro de las mismas características.

Modo de servir: Acompañar de un vino tinto fuerte.

Nuestro consejo: Si no se dispone de chimenea francesa o un aparato especial para raclettes, también se puede derretir una buena loncha de queso en una sartén de teflón y repartirla a continuación en los platos.

Otras posibilidades: Untar con mantequilla platos a prueba de fuego, colocar una loncha gruesa de queso sobre cada uno, y dejar derretir, introduciendo los platos en un horno precalentado. Desde hace poco también hay en el mercado unas pequeñas sartenes cuadradas de teflón, sobre las cuales se colocan las lonchas de queso y se derriten sobre hornillos individuales.

Fondues à la Bourguignonne y otras fondues de aceite

Pasamos del capítulo de los quesos al capítulo de los aceites: los ingredientes se fríen en aceite caliente.

La fondue más importante de este capítulo es sin duda la Bourguignonne o, simplemente, fondue de carne. Lo único que siguen teniendo en común ambas fondues, la de queso y la de carne, es que se comen en comunidad de un mismo recipiente. Lo curioso del caso es que la fondue Bourguignonne no tiene nada de fondue (fondre), ni siquiera la inventaron los burgundios: se trata simplemente de que la sartén ha saltado a la mesa, donde cada invitado se fríe él mismo su carne.

Si encontramos un restaurante donde sirvan este tipo de fondue, conviene que la pidamos sólo si en la mesa de al lado ya hay alguien comiéndola: el olor del aceite caliente no combina bien con otra comida que no sea fondue à la Bourguignonne.

Se ha intentado atribuir a la moda de la fondue de carne un pasado histórico. Efectivamente lo tiene, si lo vemos desde el punto de vista de que se trata de una fritura. Y, más aún, si conocemos la historia de la única fondue japonesa.

En el siglo XVI llegaron al Japón los primeros europeos, portugueses, a los que siguieron los jesuitas con la misión de cristianizar el país. La cuestión no debió gustar mucho a sus emperadores, y quedó zanjada con la expulsión de todos los europeos en el año 1638. Los jesuitas, entre tanto, ya habían emitido su juicio acerca de la alimentación de los japoneses («viven estupendamente y gozan de buena salud»), y éstos, por su parte, aprendieron de sus

Fondues à la Bourguignonne y otras fondues de aceite

visitantes a freír con grasa. Como hacen con todo lo extranjero, también *japonizaron* esta receta, aunque utilizando masas y aceites más ligeros. Sin embargo, mantuvieron el nombre latino: «tempura».

La «fondue de los burgundios» es mucho más reciente. Data de los primeros años 50 de nuestro siglo y tuvo su origen en Suiza, y seguramente sea invención de un gastrónomo también suizo, que reunió a sus invitados en torno al aceite en vez de al queso. La receta fue impresa por primera vez con el exótico nombre «Mormo di Türk» en la revista suiza «Annabel».

Receta base para la Fondue à la Bourguignonne
(Fotografía en pág. 48)

600-800 gr de lomo o solomillo - 1 litro de aceite.

Modo de preparación: *La carne* debe ser de primera calidad, tierna y sin nervios. Lo mejor es cortar la carne en tacos la víspera y sumergirlos en aceite de oliva. A continuación, tomar una fuente y extender rodajas de cebolla. Poner encima los tacos de carne, sazonar con pimienta negra, mejorana y sal, y cubrir con otra capa de rodajas de cebolla. Envolver la fuente con papel de aluminio y meterla en el frigorífico de 12 a 14 horas. Con esto se consigue la mejor, más tierna y más aromática carne para fondue.

Secar el día de la «fiesta» la carne y disponerla sobre una tabla de madera o repartirla en porciones individuales. No recomendamos la carne de cerdo ni la de ternera, así como tampoco recomendamos mezclar carnes distintas (la carne de cerdo se freirá antes que la de buey). El hígado lo desaconsejamos totalmente, porque el aceite salpica mucho y se ensucia en seguida.

Muy importante: La carne debe estar bien seca, pues el agua salpica en el aceite caliente.

Tampoco aconsejamos utilizar marmitas de barro cocido ni de cerámica esmaltada. En el primer caso, porque el aceite penetra en los poros y con el tiempo se enrancia, transmitiendo el mal sabor a las siguientes fondues. Y en el segundo caso, porque la cerámica no aguanta las altas temperaturas del aceite caliente (200º C); y, en el caso de que reviente en la mesa, con la llama del hornillo debajo, es casi seguro que habrá que llamar a los bomberos y a una ambulancia.

Las *marmitas* para fondues de carne o, mejor dicho, de aceite son de cobre, de acero o de hierro esmaltado. No obstante, si no se quiere comprar una también se puede utilizar un puchero o cacerola de cocina normales y corrientes, siempre que existan garantías de que aguanten el calor del aceite. Claro que, desde el punto de vista estético, no hará el mismo efecto que con un buen servicio para fondues. Además, las *marmitas* se estrechan por la parte superior, para evitar las salpicaduras de aceite. También existe en el mercado un anillo para el cuello de los pucheros, que evita asimismo las salpicaduras, e incluye unos soportes para los pinchos o tenedores.

El aceite no debe llegar más allá de la mitad de la capacidad de la marmita. Además, se calienta en la cocina hasta que empiece a humear; en ese momento se lleva a la mesa y se dispone sobre el hornillo. Se elegirá preferentemente un aceite insípido o inodoro (en ningún caso aceite de oliva) o grasa vegetal de cacahuete u otras plantas. La margarina y la mantequilla no se deben emplear, pues contienen mucha agua y salpican. Tampoco recomendamos mezclas de aceites o grasas, porque suelen salpicar y porque empiezan a humear a distintas temperaturas. Si se tiene costumbre de celebrar una fondue semanal, merece la pena conservar el aceite que haya sobrado de cada una hasta un máximo de 6 veces. Si no es así, se puede utilizar el aceite sobrante en la cocina.

Los pinchos pueden ser de madera, con lo que se evita el quemarse la boca; aunque, al cabo de un tiempo relativamente corto, se estropean. También pueden utilizarse los pinchos normales de acero, pero deben estar aislados del calor por la parte donde se agarran. De todas formas, no conviene comprar de los baratos, ya que se corre el riesgo de

Fondues à la Bourguignonne y otras fondues de aceite

que se derritan los mangos. Hay pinchos especiales para anclarlos al borde de la marmita, y otros que tienen pequeños contrapinchos (como los anzuelos) al final, para evitar que se caiga la carne al aceite. Esto no implica ni pagar una ronda ni dar besitos, como en las fondues de queso, pero estropea el aceite; además, tampoco resulta muy divertido andar recuperando un trozo de carne quemado...

En cualquier caso, cada invitado debe tener dos pinchos: uno para freír la carne y otro para comerla. Advertimos a los imprudentes: un pincho metálico, con el que se ha frito un trozo de carne en la marmita está tan caliente, que puede producir en los labios y en la boca quemaduras hasta de 2.º grado.

El rito es muy sencillo: cada cual se fríe su trozo de carne tan «sanglant» o tan pasado como le guste. Y mientras se está comiendo un trozo, se mete ya el siguiente en el aceite caliente. Pero tampoco debe haber muchos pinchos a la vez en la marmita, pues esto hace descender excesivamente la temperatura del aceite. Los anfitriones expertos hacen pausas para beber, con el fin de que se vuelva a calentar bien el aceite.

Los ingredientes: Cada uno se sazona su trozo de carne con sal, pimienta, pimentón dulce y chile en polvo. Esto se realiza una vez frita la carne, pues, como se sabe, la carne caliente absorbe mejor los condimentos. Aparte se extienden sobre la mesa platitos y tacitas con: cebollitas en vinagre, aceitunas verdes y negras, apio rallado, cebollas picadas, pepinillos, cacahuetes molidos, arándano, rabanitos en rodajas, rábanos picantes rallados, pimientos, peperoni, peritas en vinagre, toreras y chutneys.

Pero no hay por qué asustarse; no es necesario comprar toda una tienda de «delikatessen» cada vez que se prepare una fondue de carne. De los ingredientes indicados, se elegirán algunos. Siempre debe haber algo picante, algo agridulce, algo fresco, algo suave y algo crujiente. Con el paso del tiempo, los que se hayan aficionado a las fondues de carne harán su propia lista «de la casa». Y, naturalmente, siempre habrá tiempo para nuevas invenciones.

Cómo se debe cortar la carne para fondues

En Suiza hay carniceros especializados en carnes para fondues. Primero la congelan superficialmente antes de cortarla en lonchas finísimas. Entre cada loncha colocan una hoja de papel, para que se puedan luego separar mejor.

En casa se puede hacer lo mismo. Meter la carne —preferiblemente solomillo o lomo— en el congelador, pero no tanto tiempo como para que se llegue a congelar por completo. A continuación, cortarla con un cuchillo afilado en lonchas finas. Si la carne es congelada, se debe dejar descongelar un poco antes de proceder a cortarla.

Otra solución, más cómoda, por cierto, es encargar estas operaciones a un carnicero de confianza. De todas maneras conviene estar presente, para comprobar que efectivamente corta el trozo de carne elegida. También conviene recordarle que coloque hojas de papel entre los filetes, para que se puedan separar fácilmente en casa.

Fondues à la Bourguignonne y otras fondues de aceite

A continuación vienen *las salsas preparadas:* tomate frito (ketchup), Tabasco, salsa de Mango Chutney, mostaza, salsa para carne. Estos son sólo algunas de las posibilidades, pues el campo de elección es amplio (ver también página 116).

Pero *lo más importante* de una fondue de carne *son las salsas y mojes caseros;* en cierta medida son los responsables del éxito o el fracaso de una invitación. Sus recetas a menudo son guardadas como un secreto. Nosotros hemos probado, inventado y descubierto muchas, algunas de las cuales —50 exactamente— las describimos en las páginas 102 a 115. Con ellas, sus fondues de carne se harán famosas en el círculo de sus amistades.

Las bebidas no se atienen a unas reglas tan estrictas como las de las fondues de queso. Nosotros servimos vino tinto, rosado e incluso cerveza. Y al que le guste el vino blanco, también lo podrá beber, aunque debiera ser fuerte.

Fondue de cordero a la neozelandesa

1 kg de carne de cordero neozelandés sin hueso – aproximadamente 3/4 l de aceite vegetal.

Modo de preparación: Cortar la carne en filetes finos. Calentar el aceite a bastante temperatura. Cada invitado recibe su porción de carne, que él mismo corta y fríe.

Modo de servir: Con pan de ajo (receta en pág. 124).

Fondue de albóndigas

Una de las variantes más apreciadas de las fondues de carne se hace con carne picada. He aquí una versión:

350 gr de carne magra de vaca - 150 gr de carne de cerdo de la parte del codo - 1 yema de huevo - 4-5 cucharadas soperas rasas de pan rallado - 2 gotas de Tabasco - 1 cucharada sopera de perejil picado - sal - pimienta - 1 cucharada de salsa de carne en polvo - hojas de lechuga - aprox. 3/4 l de aceite.

Modo de preparación: Pedir al carnicero que pase la carne dos veces por la máquina de picar. Mezclar la carne picada con los ingredientes, hasta formar una pasta consistente (excluir la lechuga y el aceite). Amasar albóndigas del tamaño de una nuez pequeña y meterlas en el frigorífico durante una hora. Servir las albóndigas crudas sobre las hojas de lechuga.

Albondiguillas del Caribe

Otra versión de fondue de carne picada.

500 gr de carne de pollo cocida sin piel - 1 huevo - 2 cucharadas soperas de perejil picado - 1 cucharada sopera de cebolla rallada - 1 cucharada rasa de curry en polvo - sal - 1 cucharadita rasa de harina de mostaza picante - pan rallado - aprox. 3/4 l de aceite.

Además, por persona: 1 clara de huevo - 2-3 cucharadas soperas de pan rallado de biscote.

Modo de preparación: Se corta o pica la carne de pollo muy finamente y se bate un huevo. Mezclarlo junto con los demás ingredientes, incluido el pan rallado, y formar una masa consistente. Formar albondiguillas del tamaño de una nuez y meterlas en el frigorífico durante una hora. Calentar el aceite en la marmita y servir a cada invitado un platito con la clara ligeramente batida y el pan rallado de biscote. Rebozar las albondiguillas en la clara del huevo y el pan rallado. Dejar freír en el aceite durante un minuto.

Nuestro consejo: El pan rallado del rebozado produce bastante humo, por lo que recomendamos celebrar esta fondue en la terraza, y si es en el Caribe, mejor todavía...

Variantes: Añadir a la masa de las albóndigas 30 gr de ralladura de coco, o taquitos de jamón, o minúsculos cubitos de queso duro.

Fondues à la Bourguignonne y otras fondues de aceite

Fondue de queso Bourguignonne
(Fotografía en pág. 38)

También con aceite se pueden hacer fondues de queso. ¿Por qué no lo prueban?

800 gr de queso (queso, mantequilla y Bel Paese) - 2 huevos - harina - 100 gr de pan rallado - sal - pimienta - 1 l de aceite.

Modo de preparación: Trocear el queso y batir los huevos. Rebozar los tacos de queso en la harina, pasarlos por los huevos batidos y, por último, por el plato del pan rallado previamente condimentado. Dejar reposar durante una hora. Calentar el aceite, traspasarlo a la marmita y sumergir los tacos de queso. Dejar freír durante un minuto.

Modo de servir: Servir, aparte de los platitos de salsas y mojes, una fuente con ensalada de achicoria.

Consejo útil: Hay que tener cuidado de que el queso derretido no atraviese la capa de empanado. El aceite saltará mucho, por lo que conviene utilizar un anillo protector alrededor del cuello de la marmita.

Queso macha

Descubrimos esta fondue en un restaurante neoyorkino. Es de origen boliviano y se hace con queso de cabra. Lo ideal sería encontrar el auténtico queso de cabra boliviano, pero, en su defecto, también se puede utilizar un queso de cabra del país.

500 gr de queso de cabra - harina - 1 l de aceite - pimentón dulce.

Modo de preparación: Amasar el queso con harina hasta que se puedan formar bolas del tamaño de una nuez. Rebozar las bolas en harina y sumergirlas en el aceite caliente, hasta que su capa externa se dore. Condimentar con pimentón dulce.

Pero volvamos a las fondues de carne:

Fondue de pollo à la Bourguignonne

8 pechugas de pollo - 2 cucharadas soperas de aceite de oliva - 2 cucharadas soperas de vinagre de vino - tomillo - romero - cebollitas en vinagre - cabezas de champiñón - sal - pimienta - 1 l de aceite - 4 pimientos.

Modo de preparación: Cortar las pechugas en tiras y macerarlas durante algunas horas en una solución de aceite, vinagre y hierbas. Secarlas bien con un paño de cocina. Desgranar los pimientos y cortarlos en cuadraditos. Hacer porciones individuales con la carne, las cebollitas, las cabezas de champiñón y los pimientos. En la mesa, se pincha la carne junto con los vegetales y se fríe en el aceite caliente.

Modo de servir: Se puede servir con arroz con azafrán.

Fondue de cordero al estilo sirio

Con esta variante del tradicional guiso de cordero debe servirse arroz blanco.

1 kg de melocotones pasos - 1 cucharadita rasa de pimienta al limón - 4 cl de aguardiente de melocotón - 1 litro de agua - 1 kg de pierna de cordero - 1 l de aceite.

Modo de preparación: Mezclar los melocotones con la pimienta al limón y sumergirlos en el agua aromatizada con el aguardiente por lo menos durante una noche. Pasarlo todo por un colador y

Una fondue para celebrar en el jardín: Fondue de pescado al estilo de Alemania. Receta en página 55

guardar el agua almibarada. Cortar la carne en trozos cuadrados. Macerar aproximadamente 24 horas en el agua almibarada. Entre tanto, mantener en el frigorífico la mitad de los melocotones. Sacar la carne de la maceración y, después de secarla bien con un paño, servirla en la mesa. Pinchar un trozo de melocotón y uno de carne al mismo tiempo y dejar freír cada uno a su gusto.

Nuestro consejo: Con los melocotones sobrantes se puede preparar un Chutney (receta en pág. 122).

Pollo a la coreana

600 gr de pollo sin huesos - aceite.

Para el adobo: 2 cebollas - 1 diente de ajo - 5 cucharadas soperas de salsa de soja - 3 cucharaditas rasas de azúcar - 2 cucharadas soperas de aceite (mejor si es aceite de sésamo) - pimienta negra - 1 cucharada sopera rasa de fécula - semillas de sésamo.

Modo de preparación: Cortar la carne de pollo en tacos o en tiras. Picar las cebollas. Pasar el diente de ajo por el mortero. Preparar un adobo con los demás ingredientes, exceptuando las semillas de sésamo. Sumergir la carne en él por lo menos una hora, anque sería preferible durante toda la noche.

Sacar la carne y secarla ligeramente. Así ya está lista para servir. Calentar ligeramente el adobo, añadiendo las semillas de sésamo, y servirlo en la mesa repartido en tazones. Una vez fritos los trozos, se sumergen en el líquido y se comen.

Pinchos de hígado

500 gr de hígado de pollo - 1 cucharada sopera de mantequilla - una lata pequeña de castañas de agua - 250 gr de bacon - sal - pimienta - algo de jengibre molido - 3/4 l de aceite.

Modo de preparación: Cortar los hígados del tamaño de un bocado y freírlos muy ligeramente en la mantequilla. Dejar enfriar. Cortar las castañas o trufas de agua en trocitos. Cortar también el bacon en lonchas muy finas, de tal manera que se pueda envolver en ellas un trozo de hígado y su correspondiente trozo de castaña de agua. Previamente al «empaquetado», se sazonan los trozos de hígado y castañas. Freír en el aceite cada bocado hasta que el bacon se dore y se vuelva crujiente.

Variante: Calentar ligeramente las castañas en el mismo líquido de la lata. Envolverlas junto con bocaditos de hígado en pan Blini poco hecho (receta en pág. 120) y freír en grasa vegetal caliente.

Fondue Asia

Esta fondue fue bautizada en San Francisco, seguramente en su Chinatown (San Francisco posee el barrio chino más grande del mundo).

500 gr de lomo de vaca - 1 lata de tallos de bambú - 5 cucharadas soperas de salsa de soja - 2 cucharadas soperas de Jerez - unas gotas de Tabasco - 1 kg de grasa vegetal (margarina).

Modo de preparación: Cortar la carne en lonchas finas y las cañas de bambú en tiras del grosor de una cerilla. Mezclar los tallos de bambú con la salsa de soja y el jerez y dejar reposar durante 1 ó 2 horas. Sazonar los filetes de lomo con Tabasco. Enrollar en ellos 1-3 tiras de caña de bambú, pinchar y freír cada uno a su gusto.

Modo de servir: Si los filetes de lomo son algo grandes, conviene incluir en cada cubierto cuchillo y tenedor. Servir salsas picantes.

Consejo práctico: El lomo se deja cortar mejor en filetes si previamente se mete en el congelador un rato.

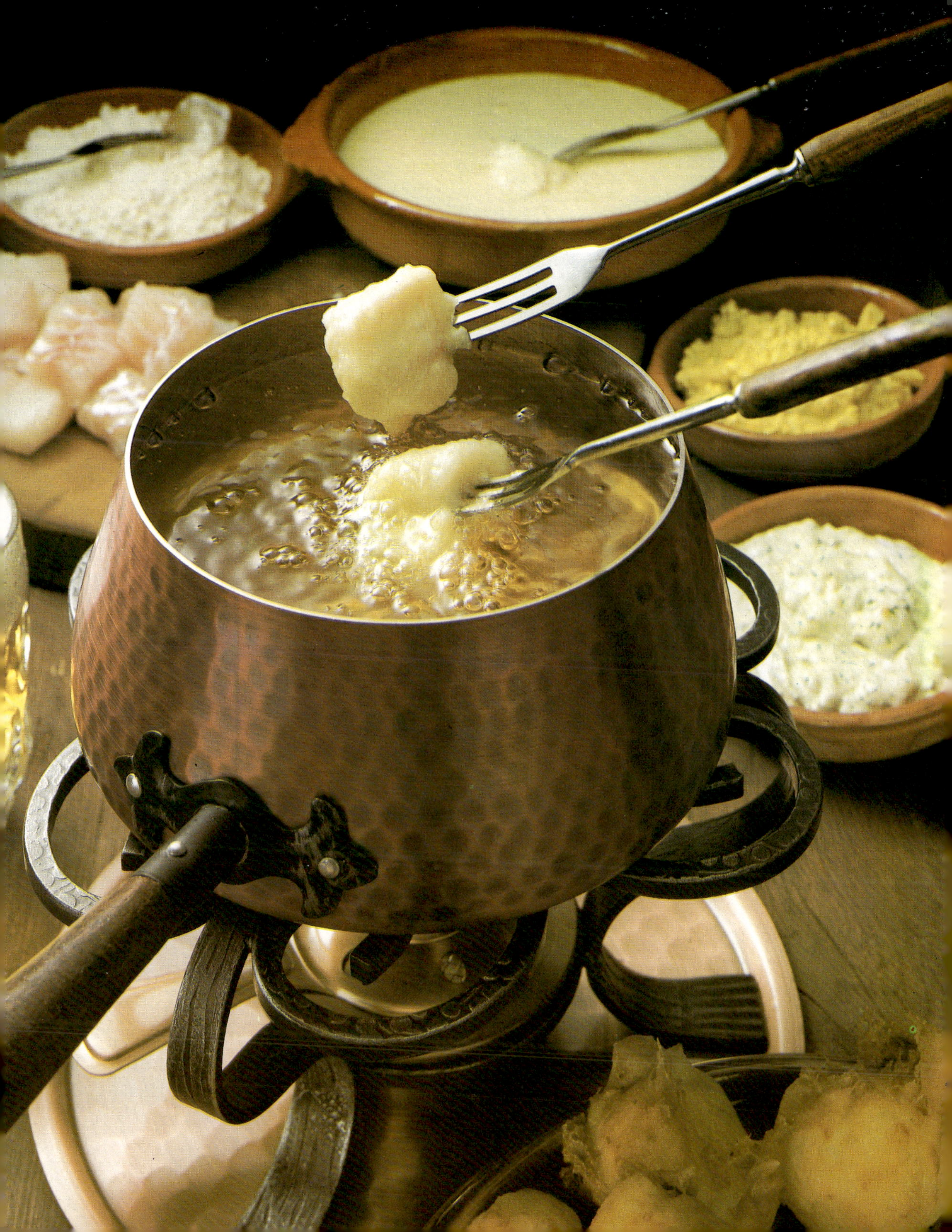

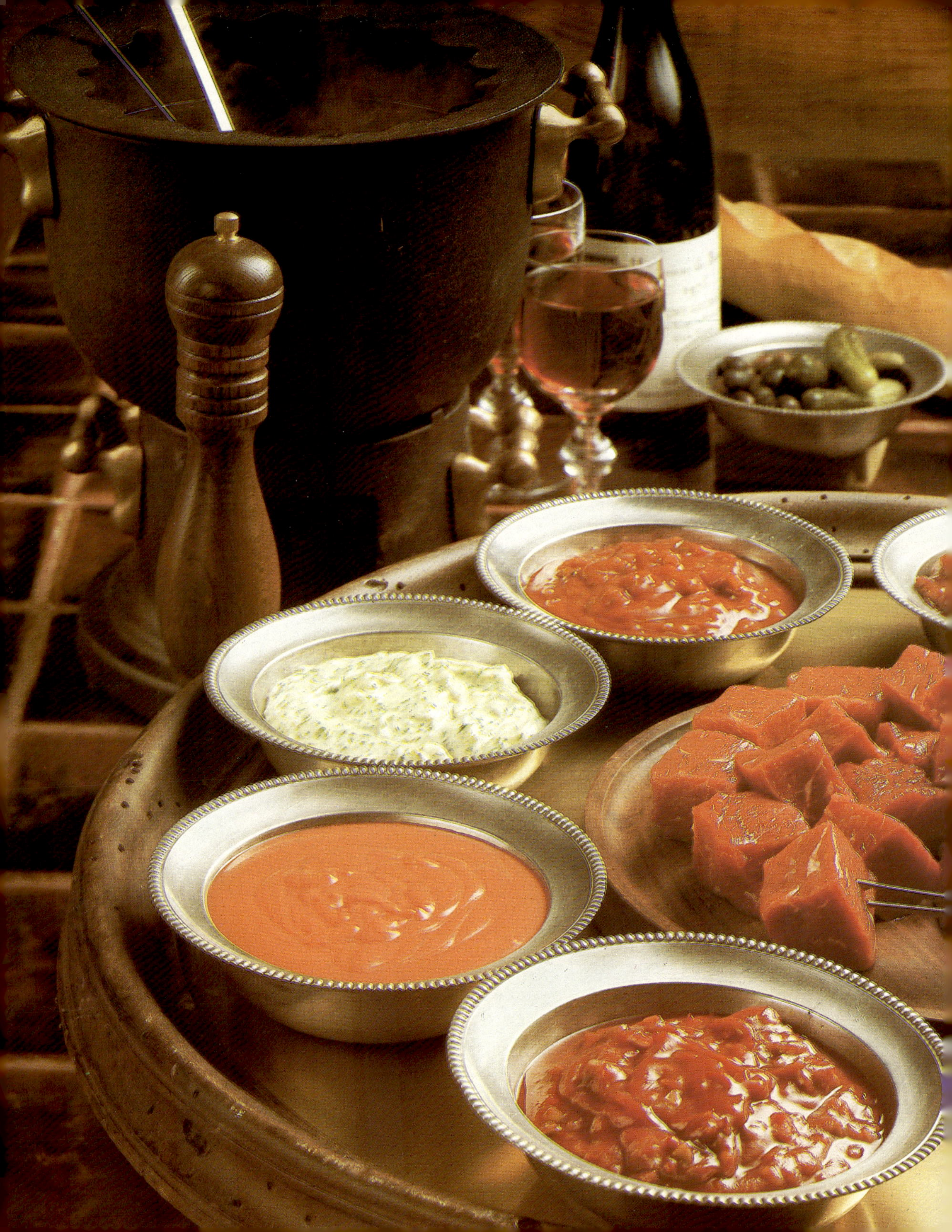

◁ Combinando salsas, se puede dar siempre un toque distinto a la clásica fondue à la Bourguignonne. Receta en página 42

Puchero de carne al estilo de Mongolia

Es una variante del puchero de carne que se sirve en restaurantes especiales del Lejano Oriente. En ellos se exponen diferentes carnes e ingredientes, que los clientes eligen y fríen a su gusto en grandes planchas. Hoy día se ha convertido en un plato famoso de la Gran Cocina Internacional.

500 gr de lomo de vaca - 4 cucharadas soperas de salsa de soja - jerez o vino de arroz - 1 cucharada sopera rasa de azúcar - 1 lata de tallos de bambú - 1 bulbo de jengibre - 200 gr de champiñones frescos - 2-4 zanahorias pequeñas - 1/2 l de aceite - 400 gr de mantequilla - 4 yemas de huevo.

Modo de preparación: Dejar reposar durante una hora los filetes de lomo en una mezcla de salsa de soja, jerez o vino de arroz y azúcar. Cortar en rodajas las cañas de bambú, los champiñones, el jengibre y las zanahorias. Disponer las verduras en una o dos tablas sobre la mesa, así como la carne, ligeramente secada. Calentar el aceite y la mantequilla en un cacharro aparte o en la misma marmita, pero no a tanta temperatura como con las demás fondues de carne. Después de freír cada bocado de carne y verdura, mojarlo en un platito con la yema de huevo antes de comerlo. Sabe bien y lo enfría.

Fondue de venado

También la caza, que, por cierto, da un sabor especial a la fondue, tiene reservado un sitio en la marmita. Es preferible emplear grasa vegetal antes que aceite.

1 kg de carne de ciervo (pierna o espalda) - 1 litro de vino tinto (Amselfelder) - 1 cebolla - 2 cucharadas rasas de especias picantes - romero molido - 1 l de aceite o 1 kg de grasa vegetal.

Modo de preparación: Limpiar la carne de ciervo de nervios y pieles, y macerar durante 2-3 días (como hacían nuestras abuelas), en una solución de vino tinto con cebolla picada y especias picantes. En el caso de que el vino no cubra por completo el trozo de carne, agregar algo de agua.

Sacar la carne, meterla en el congelador un rato y cortarla en filetes delgados. La carne después de la maceración será tierna, por lo que deberá freírse poco tiempo. Antes de freírla, conviene sazonarla con romero molido.

Modo de servir: Aparte de las salsas y «mojes» comunes, en cualquier fondue de carne hay que incluir ineludiblemente chutney de melocotón y rábano picante con arándanos, cuyas recetas se encuentran en las páginas 112 y 109 respectivamente.

Fondue de corzo

Esta es una fondue que resulta algo cara; pero esto queda compensado con su exquisito sabor.

600 gr de espalda de corzo (sin hueso) - una lata de peras en almíbar - pimienta al limón - 700 gr de grasa vegetal.

Modo de preparación: Enfriar la carne de corzo deshuesada en el congelador y cortar en filetes finos. Sacar las peras de la lata, cortarlas en rodajas pequeñas, secarlas bien con un paño de cocina y condimentarlas a conciencia con la pimienta al limón. Disponerlas en platos individuales. Una vez en la mesa, se envuelven las porciones de pera en los filetitos de corzo y se fríen ligeramente en la grasa vegetal.

Modo de servir: Servir también rábano picante con arándanos (receta en pág. 109).

Nota: Antiguamente se maceraba la caza para eliminar un poco su fuerte sabor. Actualmente esto ya no es necesario; ya que los animales, al ser sacrificados en cautividad, no almacenan urea ni adrenalina en la carne, que es precisamente lo que les transmite el mal gusto. No obstante, se sigue macerando para hacer más tierna la carne o para darle un aroma determinado.

Fondues à la Bourguignonne y otras fondues de aceite

Fondue sencilla de caza

La espalda de corzo y ciervo no es precisamente la carne más barata que existe, pero un buen solomillo de caza en la marmita es «bocatto di cardinale».

1 kg de solomillo de caza - 1/4 l de vinagre claro - 1/2 l de agua - 6 enebrinas (baya del enebro) - 1 cucharada sopera de mostaza francesa - 350 gr de guindas sin hueso - 150 gr de tocino ahumado - 1 kg de grasa vegetal.

Modo de preparación: Cortar el solomillo en trozos tamaño fondue. Macerarla en una solución de vinagre, agua, junto con las 6 enebrinas pasadas por el mortero y la mostaza, durante un día. Al cabo de ese tiempo, sacarla y secarla. Cortar el tocino ahumado en lonchas gruesas del tamaño de los trozos de carne. Servir el tocino y la carne sobre una tabla y las guindas en una fuente. Comer pinchando primero la caza, después una guinda y por último el tocino. Freír los bocados hasta que el tocino se dore y se vuelva crujiente.

Fondue de jamón

Esta receta requiere tiempo para su preparación, pero el resultado supera a todo el trabajo.

Pan para tostadas (de molde) de hace un par de días - 750 gr de grasa vegetal o 3/4 l de aceite.

Además, por persona: 30 gr de mantequilla - 75 gr de jamón cocido - 50 gr de queso Emmental o similar - aceitunas.

Modo de preparación: Tostar 4 rebanadas de pan por persona por una sola cara y untarla con mantequilla. Picar el jamón cocido muy finamente y rallar el queso. Extender una buena capa de jamón en dos de las rebanadas de pan untadas con mantequilla y añadir aproximadamente la mitad del queso rallado (25 gr). Emparedarlo todo con las otras dos rajas de pan y presionarlo con una tabla de cocina (con un libro encima) durante media hora. Cortar entonces los bocadillos en 8 partes

Aceites y grasas para fondues

Se emplearán únicamente aceites sin olor ni sabor fuertes. Queda descartado, pues, el aceite de oliva. Entre las grasas, recomendamos las vegetales. Estas tienen un punto alto de evaporación acelerada; lo que quiere decir que se puede freír a altas temperaturas sin que se desprendan malos olores.

Tanto el aceite como la grasa vegetal se debe calentar en la cocina hasta que su superficie esté lista. Entonces, se lleva a la mesa y se mantiene a 180º C sobre el hornillo. Si se utiliza grasa, no se debe llenar la olla o marmita más de la mitad de su capacidad.

La grasa vegetal se puede volver más sabrosa si se le echa unos taquitos de tocino ahumado previamente frito. Es importante que estén fritos de antemano, pues de lo contrario se podrían producir explosiones. Asimismo, lo que se sumerge en la grasa derretida no debe tener mucha agua ni estar húmedo. También esto puede producir salpicaduras de grasa hirviendo.

Si se quiere aromatizar el aceite o la grasa con ajo, se sumergen 2 ó 3 dientes con la ayuda de un tenedor, hasta que empiecen a dorarse.

Recuérdese que entre bocado y bocado también se puede tostar algún trozo de pan.

Fondues à la Bourguignonne y otras fondues de aceite

iguales. Freír los bocados como guste y comerlos acompañados de una aceituna.

Nota: La aceituna condimenta y enfría al mismo tiempo.

La fondue y las salchichas

Las salchichas siempre son una solución: son baratas, siempre están a mano, y además, junto con la cerveza y las salsas (pág. 116), forman una combinación excelente. Generalmente se utilizará grasa vegetal en vez de aceite.

Modo de preparación: Disponer la marmita con la grasa vegetal sobre el hornillo. Repartir entre los comensales un plato y dos pinchos (uno para freír y otro para comer), por invitado. Colocar por toda la mesa: una cesta con pan, platitos y tacitas con salsas preparadas, mostaza, un platito con hierbas recién picadas, pepinillos y cebollitas en vinagre. La lista de ingredientes es a título de orientación. Elegir aquéllos que más gusten.

1 kg de mortadela - 10 salchichas blancas - 2 aros de embutido de Lyon - 8 salchichas de Frankfut - 16 salchichas de Viena - 10 salchichas tipo Munich - 600 gr de embutido surtido (lonchas gruesas) - y, en general, cualquier tipo de embutido o salchicha que se encuentre en el frigorífico.

Atención: Cortar todo en trozos que puedan comerse de un bocado. Los embutidos y salchichas cocidas necesitan menos tiempo de fritura que los crudos.
De la carne al pescado. También hay un apartado para fondues de aceite con pescados y mariscos, aunque la mayoría se hagan, en vez de con aceite, con caldo. Pero de esas fondues daremos cuenta en otro capítulo.

Fondue de marisco

En las fondues de pescado con aceite siempre está permitido aderezar éste con 1 diente de ajo (ver consejo de la página anterior).

250 gr de pulpo (fresco o de lata) - 500 gr de gambas cocidas y peladas - 200 gr de almejas (de lata) o 500 gr de almejas (con concha) - aceite.

Modo de preparación: Cortar el pulpo fresco en trozos. Extraer los trozos de pulpo del aceite de la lata. Colocar los mariscos sobre platitos de manera decorativa. Las almejas no debieran ser demasiado blandas; lo ideal son las almejas recién cocidas. Antes de llevar los mariscos a la mesa, secarlos bien y, una vez en ella, repasarlos con una servilleta de papel (de lo contrario, salpicará el aceite).

Modo de servir: Aparte de las salsas y mojes preferidos, no olvidar servir un platito con eneldo fresco o secado.

Fondue de merluza rebozada

1 paquete de merluza congelada rebozada (16 porciones) - 1/2 l de aceite o 750 gr de grasa vegetal (cacahuete).

Modo de preparación: Cortar en tres partes las porciones y colocarlas en una fuente plana sobre la mesa. Freír aproximadamente durante 2 minutos.

Modo de servir: Entre las salsas preparadas, la que mejor va con esta receta es la Cumberland.

Fondues à la Bourguignonne y otras fondues de aceite

Fondue de langostinos a la californiana

La receta original especifica que el aceite debe ser de cardo, pero también se puede utilizar un aceite más corriente.

125 gr de mantequilla - 1 cucharada sopera de zumo de limón - pimienta al limón - 750 gr de langostinos cocidos y pelados - 12 medias cabezas de alcachofa (de tarro o de lata) - 3/4 l de aceite de cardo o, en su defecto, aceite normal.

Modo de preparación: Amasar la mantequilla con el zumo de limón y la pimienta. Freír las alcachofas y los langostinos alternativamente hasta que se doren ligeramente. Antes de comerlos, untarlos en la masa de la mantequilla.

Modo de servir: Con pan blanco tipo pistola, que, de vez en cuando, también se puede meter en el aceite y freír.

Fondue de langostinos con bacon

Se puede comer como plato principal o acompañando a cualquier otra fondue de aceite y pescado.

500 gr de camarones cocidos y pelados - un poco de eneldo - pimienta - 1 lata de piña - 250 gr de bacon - 3/4 l de aceite.

Modo de preparación: Sazonar los camarones con eneldo y, si se quiere, también con pimienta. Enrollar en lonchas de bacon un camarón y un trozo de piña (previamente secada con un paño de cocina). Ensartar en el pincho y freír hasta que el bacón se vuelva crujiente.

Variante: Enrollar los camarones, en vez de en lonchas de bacon, en pan Blinis (ver receta en pág. 120).

Fondue de marisco Strausak

Esta receta, que nos proporcionó una amable lectora suiza, requiere bastante tiempo para su preparación. Pero, a pesar de ello, no hemos dudado en incluirla.

Por persona: 400 gr de marisco (pulpo, gambas, camarones) y pescado (merluza) - 500 gr de espinacas - lechuga (o diente de león cultivado) - algunas hojas de salvia.

Modo de preparación: Después de lavado el pescado y el marisco, cortarlo en trozos de 2 cm de lado. Lavar la verdura y escaldarla un momento en agua hirviendo. Envolver el pescado y el marisco en las hojas de verdura. Ensartar cada paquetito con un palillo y disponerlos sobre la mesa. El efecto de las distintas tonalidades de verde sobre la mesa resulta realmente hermoso. Sumergir los paquetitos en el aceite hasta que se frían ligeramente.

Modo de servir: Entre las salsas, incluir tomate frito con unas gotas de coñac, mayonesa con ajo y salsa de soja. Repartir por cada servicio un platito con arroz cocido con unas gotas de Phu-Quoc (salsa de pescado vietnamita que se puede encontrar en tiendas especializadas).

Introducción a las fondues de aceite japonesas

Ya hemos descrito (pág. 41) cómo surgió la fondue de aceite japonesa, la Tempura. Entre tanto, los nipones ya han hecho de ellas el orgullo de la cocina japonesa; aunque también algunos occidentales las han imitado. Nosotros hemos tenido la oportunidad de investigar el arte de preparar Tempuras durante un viaje que hicimos al Japón. Las Tempuras se pueden hacer de pescado, de marisco, de carne, de vegetales y, en general, de todo alimento que no contenga excesiva cantidad de agua.

Fondues à la Bourguignonne y otras fondues de aceite

Los cocineros japoneses mezclan distintas clases de aceites; pero esto es casi exagerado para nuestro paladar. Nosotros recomendaríamos una mezcla sencilla de aceite de cacahuete con 1/5 de aceite de sésamo. La temperatura del aceite debería ser de 175° C y, a ser posible constante. Por eso somos partidarios de utilizar una marmita eléctrica.

La masa debe ser fría y fluida. El marisco, la carne o los vegetales se sumergen primero en la masa y después se pasan a la marmita para que se frían. En ese momento se produce el choque entre el frío y el calor: la masa se hincha (¡cuidado! ¡puede salpicar!) y el bocado se fríe y se cuece al vapor al mismo tiempo. En los restaurantes especializados en Tempuras, los bocados se sirven directamente en la olla. Nosotros también compartimos esta opinión.

<u>Importante</u>: Después de cada freidura, es necesario sacar del aceite, con la ayuda de una espumadera los restos de masa que pudieran haber caído dentro, pues producen humos y malos olores. Cuantos menos bocados se frían al mismo tiempo, tanto mejor resultará la fritura. De esta manera, la temperatura del aceite permanece constante, ya que la masa fría la hace descender.

Tempura

Dos afamadas escuelas de cocineros del Japón llevan discutiendo durante años si es mejor agregarle a la masa una pizca de sal o no. Después de algunos ensayos, nosotros nos hemos inclinado por la segunda opción.

1 berenjena - harina - 2 puerros - 8 champiñones - 4 castañas de agua de lata - 150 gr de filetes de caballa – 300 gr de camarones o langostinos – 200 gr de almejas - 1 l de aceite.

El pescado y la fondue

Lo más importante es que el pescado no se desmenuce en el tenedor. Y esto es precisamente lo que pasa con la trucha y el bacalao; por eso, por lo general, se cocinan enteros. Pero como para las fondues se necesita freír por trozos, conviene conocer los pescados de carne más fina:

Anguila, lenguado, mero, rodaballo, atún, pez espada, múgil. Estos son los pescados de carne más consistente.

Entre los crustáceos, recomendamos los langostinos, las gambas, los bogavantes y similares. Normalmente se sirven frescos; en casos especiales, cocidos previamente.

En cuanto a los moluscos, como vieiras, mejillones, etc., se sirven cocidos y en rodajas o enteros, según el tamaño. Los abalones, que se sirven finamente troceados se venden en lata.

Por último, también se pueden emplear albóndigas de pescado caseras, como en nuestra receta de la página 123, o ya preparadas; igualmente merluza rebozada y congelada.

<u>Consejo práctico</u>: La carne de pescado se puede hacer más consistente macerándola en zumo de limón.

Fondues à la Bourguignonne y otras fondues de aceite

Para la masa: 1 yema de huevo - 1/2 l de agua muy fría - 1 pizca de bicarbonato sódico - 250 gr de harina.

Modo de preparación: Pelar la mitad de la berenjena y cortarla longitudinalmente, dejando dos mitades: una pelada y la otra sin pelar. Cortar ambas mitades en rodajas finas (la razón de pelar sólo la mitad es por motivos meramente estéticos).Rebozar en harina. Cortar los puerros oblicuamente, de manera que queden rodajas de 1 cm de anchura. Cortar los champiñones por la mitad y las castañas de agua en taquitos cuadrados. Cortar también la caballa en cuadraditos pequeños, del tamaño de un dado, y pasarla por el plato de harina, así como los camarones. Sacar las almejas de su concha (resulta más fácil si se escaldan previamente en agua hirviendo). Para la masa, batir la yema de huevo y agregarla al agua con bicarbonato. Añadir la harina y remover en seguida con una cuchara. Esto se hace cuando los comensales ya están en la mesa y el aceite se haya calentado. La masa debe quedar muy fluida. A continuación sumergir los ingredientes en la masa (preferiblemente con palillos chinos), dejar secar un poco y freír unos dos minutos en el aceite. Servir sobre una tabla, de la que comerán los invitados las porciones ya preparadas.

Modo de servir: Cada comensal recibe una tacita con salsa Tempura, donde sumerge los bocados ya fritos. A continuación ofrecemos las recetas de algunas salsas Tempura.

Salsa Tempura 1

3 partes de caldo de pescado - 1 parte de jerez o Mirin (vino dulce de arroz) - 1 parte de salsa de soja japonesa - Ajinomoto (glutamato) - 1 parte de cebolla rallada o 1 parte de jengibre fresco rallado.

Modo de preparación: Hacer el caldo de pescado con los restos de gambas, chirlas, etc. No emplear sal ni otros condimentos. Calentarlo con el vino y la salsa de soja. Condimentar con glutamato. Una vez que haya empezado a hervir, añadir la cebolla rallada o el jengibre. Servir frío.

Salsa Tempura 2

1 cucharadita colmada de sal - 1 cucharada sopera rasa de glutamato - 3 cucharadas soperas de zumo de limón.

Modo de preparación: Mezclar bien los ingredientes. Se formará una parta espesa que se sirve en platitos.

Salsa Tempura 3

4 1/2 cucharadas soperas de salsa de soja japonesa - 1/8 l de sopa de carne (muy fluida) - 2 cucharadas soperas rasas de azúcar - 1 cucharadita rasa de Ajimoto (glutamato).

Modo de preparación: Agregar a la sopa caliente la salsa de soja y aderezar con el azúcar y el glutamato.

Tempura de setas

Con este nombre hemos encontrado también una variante americana.

500 gr de champiñones frescos o robellones - zumo de limón - 1 l de aceite.

Para la masa: 100 gr de harina – 1 pizca de sal – 1 huevo – 0,1 l de leche.

Modo de preparación: Lavar las setas en agua fría. Los sombrerillos demasiado grandes cortarlos por la mitad. Para la masa, tamizar la harina y mezclarla con la sal. Batir el huevo y añadirlo a la

Fondues à la Bourguignonne y otras fondues de aceite

harina junto con la leche. Remover hasta que se forme la masa. Calentar el aceite. Sumergir la setas en la masa, dejar gotear y freír hasta que adquieran un color amarillo.

Modo de servir: Servir con una mezcla de mostaza y salsa de soja.

Y hasta aquí la serie de fondues Tempura. Pero no se piense que, porque termine aquí, se han acabado las posibilidades. Las Tempuras se pueden preparar con pescado, con pulpo, con jamón, con plátano, con anchoas, con sardinas, con espárragos, con verduras o con cualquier otra combinación que apetezca. Así que... ¡a trabajar!

Una fondue intermedia entre la Tempura y la Bourguignonne es la que a continuación describimos.

Fondue de pescado al estilo de Alemania
(Fotografía en pág. 47)

Se trata de una fondue de verano que conviene servir en la terraza o en el jardín, pues despide bastante humo.

1 kg de filetes de perca roja - sal - zumo de dos limones - 1 pizca de azafrán - 1 l de aceite.

Para la masa: 50 gr de harina - 1/8 l de cerveza clara - sal - azúcar - 3 cucharadas soperas de queso rallado - 3 cucharadas soperas de aceite.

Modo de preparación: Cortar el pescado en trozos no demasiado grandes y macerarlos por lo menos una hora en el zumo de limón con el azafrán y la sal. Tomar la mitad de la harina y mezclarla con la cerveza, batiendo la masa. Añadir el queso y el aceite, y remover el conjunto. La masa debe quedar más bien pastosa, aunque sin perder su fluidez. Si acaso añadir un poco más de cerveza.

Calentar el aceite en la marmita. Pinchar los trozos de pescado macerados, pasarlos por la harina restante y, a continuación, sumergirlos en la masa. Dejar gotear y freír hasta dorar.

Fondue de pescado al estilo de Wallis

En el verano del año 1966, el cocinero suizo Charly Launer inventó en su restaurante hamburgués la fondue Matterhorn. Se trataba de una variante de la Tempura en la que se sumergen en una masa trozos de pescado, gambas y vieiras y se fríen en aceite. Como no conseguí que me revelara el secreto de su receta, incluyo a continuación una similar aparecida en el *gran libro de cocina* de Arne Krüger.

250 gr de filetes de lenguado congelado - 750 gr de filetes de perca dorada - 250 gr de mero o de rodaballo - 1 cucharada sopera rasa de harina - 2 claras de huevo - 1 cucharada sopera rasa de pimentón - sal - 1/2 cucharadita de pimienta blanca - 2 l de aceite.

Para la salsa: 1 cucharada sopera de salsa Worcester - 3 cucharadas soperas rasas de pan rallado - 4 cucharadas soperas de tomate frito (ketchup) - 6 cucharadas soperas de aceite - 2 cucharadas soperas de vinagre - 2 cucharaditas rasas de azúcar.

Modo de preparación: Descongelar el lenguado. Quitar la piel y las espinas del mero y la perca. Cortarlos en trozos del tamaño de media caja de cerillas. Preparar una masa con la harina, las claras de huevo y la pimienta, y pasar por ella el pescado troceado. Mezclar en frío los ingredientes para la salsa. Disponer el pescado sobre la mesa, colocar la marmita con el aceite sobre el hornillo y repartir la salsa en tacitas. Freír los trozos de pescado durante 1/2 ó 1 minuto sumergirlos en la salsa antes de comerlos.

Por último, tres recetas para los que no les gusten el pescado ni la carne, pero sí sentarse en torno a la marmita de aceite.

Fondue de coliflor

4 cabezas pequeñas de coliflor - sal - abundante zumo de limón - 4-6 huevos - 1 pizca de nuez moscada molida - 3 cucharadas soperas de queso Parmesano - 750 gr de grasa vegetal.

Fondues à la Bourguignonne y otras fondues de aceite

Modo de preparación: Cortar las cabezas de coliflor en trozos y meterlas en una olla con agua salada hirviendo. Dejar cocer suavemente unos 8-10 minutos, pasarlas por el colador, regarlas con agua fría y rociarlas con abundante zumo de limón, para que no pierdan el color blanco. Mientras cuecen las cabezas de coliflor, batir los huevos y mezclarlos con la nuez moscada y el queso Parmesano. Repartir en tacitas entre los invitados. En la mesa, pinchar los trozos de coliflor y, después de pasarlos por la salsa de huevo, freírlos hasta que se doren. Atención: saldrán muy calientes, por lo que conviene utilizar salsas y «dips» fríos.

Fondue de Septiembre

Si las setas han sido recogidas por nosotros mismos hay que tener cuidado de que no hayan sufrido todavía ninguna helada nocturna.

500 gr de judías de enrame - 500 gr de setas variadas - ajedrea común - sal - zumo de limón - pimienta al limón - 2-4 pimientos rojos - 1/2 l de masa para crêpes repartida en cuatro tacitas (más espesa de lo normal) - 1 l de aceite o 1 kg de grasa vegetal.

Modo de preparación: Lavar las judías y las setas. Cortar las judías en trozos del tamaño adecuado para fondues. Escaldar las judías con la ajedrea en agua hirviendo salada, dejar cocer unos 5 minutos y rociar con agua fría. Cortar las setas en rodajas y aderezarlas con el zumo de limón y la pimienta. Cortar los pimientos en tiras y disponer todo el conjunto de forma decorativa sobre la mesa.
Sumergir las verduras en la masa para crêpes, dejar gotear, pinchar una rodaja de seta y freír en el aceite caliente.

Modo de servir: Con Alioli, Salsa de Curry (n.º 2) o con salsa de tomate a la provenzal (recetas en págs. 103, 105).

Fondue de coles de Bruselas

1 kg de coles de Bruselas - sal - 1 lata de castañas de agua - 1/4 l de cerveza tipo Guiness o Alt - 6-8 cucharadas soperas de harina - 4 huevos - 1 pizca de nuez moscada molida - 750 gr de grasa vegetal.

Modo de preparación: Lavar las coles y cocerlas durante 5 minutos en agua salada. Inmediatamente después, regarlas abundantemente con agua fría. Servirlas en la mesa junto con las castañas de agua. Mientras cuecen las coles, preparar una masa con los restantes ingredientes (excepto el aceite). La masa debe quedar uniforme, y se aderezará con sal. Dejarla reposar un rato y servirla en tacitas individuales. Las coles de bruselas y/o las castañas de agua se deben sumergir en la salsa antes de freírlas en la marmita.

Modo de servir: Para acompañar, se bebe la misma cerveza que se ha empleado para la preparación de la masa.

Variante: Las coles de Bruselas también resultan muy apetitosas comiéndolas en una fondue de queso.

Fondues para iniciados

Siempre se ha dicho que las asaduras no es precisamente lo más apropiado para fondues. Naturalmente es mucho más fácil preparar una buena fondue con pollo, carne de vaca o cordero; esto lo puede hacer cualquiera que haya leído la receta básica para fondues à la Bourguignonne. Además, si se ofrece un buen surtido de salsas, el éxito está asegurado.

Pero pensamos que ya va siendo hora de hablar también de la carne «menor», que, además de ser barata, puede ser sabrosa y fácil de preparar, sin hablar de las cualidades alimenticias que posee.

Tenemos un amigo francés, Daniel Spoerri, que es un amante nato de los platos a base de asaduras y despojos. Entre otras, tiene una colección de 50 recetas de callos (la mayoría extraídas de viejos libros de cocina franceses) que nos reveló sin guardar secretos. A nuestro regreso de la visita que le hicimos en su molino de las afueras de París, no pudiendo olvidar aquel plato de callos con salsa de champán que preparó especialmente para nosotros, tuvimos la idea de experimentar con callos en la marmita. De ahí a la fondue de corazón de vaca cocido había un paso.

Los callos suelen venderlos precocidos en cualquier casquería, pero, no obstante, conviene volver a cocerlos de 30 a 40 minutos en la olla a presión para que la fritura en la marmita no se haga interminable.

El corazón de vaca, de cerdo o de cordero también se cuece previamente en agua salada con enebrina, laurel y clavo, con lo que se vuelve mucho más tierno.

Por el contrario los riñones y el hígado los tomaremos crudos. Debemos señalar que los trozos o filetes que friamos no deben estar demasiado húmedos, pues, al contacto con el aceite caliente de la marmita salpicarían. También recordamos que estos dos despojos se endurecen con facilidad si los freimos demasiado. El pasar de «sanglant» (poco hecho) a «bien fait» (pasado) es una cuestión de segundos más que de minutos.

Si se tienen ciertos reparos a comer despojos, recomendamos hacer un esfuerzo: merece la pena, tanto para el paladar como para el bolsillo.

Fondues para iniciados

Fondue Gourmet

Es posible que los invitados a esta fondue se incomoden en un primer momento; después, por educación, intentarán comer algo, para, lo más probable, terminar comiéndoselo todo.

1 kg de callos cocidos - sal - pimienta - 1/4 cucharadita de romero molido - 1/4 cucharadita de tomillo seco - 1/4 cucharadita de flor de nuez moscada - 4 huevos - 1 cucharadita de estragón molido - 150 gr de harina de empanar - 1 kg de grasa vegetal.

Modo de preparación: Cortar los callos en cuadrados «tamaño fondue». Mezclar y moler en el mortero las especias y espolvorearlas sobre los callos. Envolver éstos y dejar reposar durante una hora en sitio fresco. Batir los huevos y repartirlos en cuatro tacitas. Mezclar el estragón con la harina de empanar y repartir en otros cuatro platitos. Disponer los callos en la mesa sobre una tabla. Calentar hasta hervir, la grasa vegetal y colocarla sobre el hornillo a fuego rápido (que siga hirviendo). Cada invitado ensarta un trozo de callos, lo unta en la tacita con el huevo, lo reboza en la harina y, a continuación, lo fríe hasta que se dore la capa empanada.

Modo de servir: No olvidar un tarro de remoulade (producto preparado) y chutney de albaricoque (receta en pág. 122).

Fondue de callos

Se trata de una fondue fuerte; pero su olor no molestará si todos comen de ella.

1 kg de callos cocidos - 4 dientes de ajo (por lo menos) - 6 huevos - 200 gr de harina de empanar - 1 manojo de perejil - 1 kg de grasa vegetal - 100 gr de tocino - 1 cucharada sopera de margarina - pimienta.

Modo de preparación: Cortar los callos en trozos. Pelar los dientes de ajo y mezclarlos con los callos. Dejar reposar durante, por lo menos, 2 horas. Batir los huevos y repartirlos en cuatro tacitas. Picar el perejil muy fino y ponerlo en una fuente. Repartir la harina de empanar en platitos. Secar los callos y disponerlos sobre una tabla después de secarlos a conciencia. Hervir la grasa. Entre tanto, cortar el tocino en cuadraditos pequeños y freirlos en la margarina. Sazonarlos con pimienta y agregarlos a la grasa vegetal hirviente.
Pinchar un trozo de los callos, pasarlo por el huevo, por la harina de empanar, otra vez en el huevo y, por último, por la fuente del perejil. Freír cada uno a su gusto.

Fondue de corazón de ternera

1/2 corazón de vaca o 1 de ternera - 1 manojo de hierbas soperas - 1 cebolla - 2 clavos enteros - sal - 125 gr de bacon - 1 manojo de perejil - pimienta - 1 kg de grasa vegetal.

Modo de preparación: Cocer el corazón en agua con sal y las hierbas soperas. Dejar enfriar y separar toda la grasa. Cortar el corazón en cuadrados. Pedir al carnicero que corte el bacon en lonchas muy finas; también lo puede cortar uno mismo congelándolo previamente. Repartir los trozos de corazón, las lonchas de bacon y 1 cucharada sopera de perejil picado por invitado en porciones individuales.
Aderezar con el perejil y la pimienta las lonchas de bacon y envolver en ellas los trozos de corazón. Pinchar los paquetitos y freír hasta que se dore el bacon.

Fondue de riñones y setas

Para esta fondue es imprescindible utilizar un anillo protector alrededor del cuello de la marmita,

Fondues para iniciados

pues los riñones, así como el hígado, salpican bastante al contacto con el aceite caliente.

4-6 riñones, no demasiado grandes, de cerdo - especias para carne - 200 gr de champiñones frescos - zumo de limón - pimienta - 1 l de aceite o 1 kg de grasa vegetal.

Modo de preparación: Limpiar los riñones, cortarlos en rodajas y espolvorearlos con las especias para carne. Lavar los champiñones, cortarlos en rodajas más bien gruesas y condimentarlos con pimienta y el zumo de limón. Distribuirlo todo por porciones.

Pinchar una rodaja de riñón entre dos de champiñón y freír poco. Cuando las setas toman color es que los riñones están en su punto.

Variante: En vez de los champiñones, emplear rodajitas de piña. ¡Atención, salpica mucho!

Fondue de riñones agrios

1 l de vino tinto seco - 1 cucharadita rasa de especias para macerado - 1 cucharadita rasa de azúcar - 400 gr de riñones de cerdo o 500 gr de riñones de ternera - 1 diente de ajo - 2 cucharadas soperas de aceite - sal - 1 cucharada sopera rasa de fécula - 1 cucharada sopera de zumo de limón.

Modo de preparación: Llevar a cocción el vino con las especias para macerado (en una bolsita de gasa) y el azúcar. En cuanto comience a cocer, apagar el fuego y dejar reposar. Limpiar los riñones y cortarlos en rodajitas. Picar el diente de ajo. Freír los riñones, junto con el ajo picado, en la misma marmita. Esto se hace ya en la mesa, y los invitados pueden ayudar con sus tenedores a dar vueltas a los riñones para que no se agarren. Aderezar con sal. Volver a cocer el vino. Mezclar la fécula con el zumo de limón y añadir la masa al vino. Cuando haya empezado a cocer de nuevo el vino, derramarlo sobre la marmita con los riñones. Bajar la llama del hornillo y pescar con los pinchos las rodajas de riñón. No olvidar sumergir pan, para aprovechar la suculenta salsa de la marmita.

Nota: Los entendidos emplean riñones de carnero cortados por la mitad. Lo más seguro es que sean difíciles de encontrar, pero se pueden «coleccionar» en el congelador hasta tener una cantidad aceptable. En este caso, se descongelan lentamente (unas 12 horas) y se utilizan como si fueran riñones frescos.

Fondue de carne variada al estilo oriental
(Fotografía en pág. 66)

Una fondue «chinoise» adaptada al estilo europeo.

200 gr de lechezuelas de ternera - 1/2 l de caldo de carne - el zumo de medio limón - sal - 200 gr de riñones de ternera - 200 gr de hígado de ternera - 200 gr de solomillo de ternera - 1 1/2 l de caldo de pollo - 1 cucharadita rasa de jugo de carne (Bovril) - 2 cucharadas soperas de jerez - 1 cucharada sopera de salsa de soja china.

Modo de preparación: Blanquear las lechezuelas durante 10 minutos en el caldo de carne sazonado con sal y el zumo de limón. Lavar las lechezuelas con agua fría y quitar las pieles. Colocarlas entre dos tablas y poner un libro pesado sobre la superior. Después de un par de horas ya se pueden cortar en filetes delgados. Lavar bien los riñones y cortarlos en rodajas finas, así como el hígado y el solomillo. Todas las rodajas deberían quedar del mismo tamaño.

Hacer un caldo con el del pollo, el jerez y el jugo de carne concentrado. Para comer, seguir las indicaciones de las fondues anteriores.

Un consejo: Recuérdese que el hígado se pasa en seguida. Los riñones, el solomillo y las lechezuelas pueden permanecer tranquilamente unos 2 minutos en el caldo caliente.

Fondues para iniciados

Fondue de lechezuelas

Lo que mejor va con esta fondue son las salsas suaves a base de mayonesa.

400 gr de lechezuelas - 1/2 l de caldo de pollo - nuez moscada molida - 30 gr de tocino - 500 gr de brécol - 1 l de aceite.

Modo de preparación: Introducir las lechezuelas en el caldo de pollo hirviendo, apagar el fuego y dejar reposar de 15 a 20 minutos. Lavar con agua fría y quitar las pieles con cuidado para que no se deshagan. Cortar en filetes de 1 cm de grosor y rociarlos con una capa de nuez moscada. Cortar el tocino en rodajas muy finas del tamaño de los filetitos de lechezuelas. Cortar las cabezas de la brécol. Pinchar con el tenedor por este orden: brécol, tocino y lechezuelas, y freír —apenas un minuto— en el aceite caliente.

Nuestro consejo: Disponer en una fuente los tallos más delgados de la brecol (cortados de tres en tres centímetros) y las hojas. Así, entre bocado y bocado, también se puede freír algo de verdura.

Fondue de hígado de carnero

Conviene encargar el hígado de antemano, pues es difícil encontrarlo fresco.

1 hígado de carnero (600-800 gr) - romero molido - jugo de carne concentrado - 500 gr de manzanas (amargas) - zumo de limón - pimienta al limón - 1 kg de grasa vegetal.

Modo de preparación: Limpiar el hígado de pieles y ganglios y cortarlo en filetitos alargados no demasiado delgados. Colocarlos en una fuente con el romero y el jugo de carne. Remover como si fuera una ensalada y dejar reposar. Entre tanto pelar las manzanas, cortarlas en cuatro partes y cada una de ellas, a su vez, en rodajas. Rociarlas con jugo de limón por ambas caras. Secar los filetitos con un paño de cocina y disponerlos decorativamente rodeados por las rodajas de manzana.

Para comer, pinchar una rodaja de manzana, un filetito y otra rodaja. Sazonar el bocado con la pimienta al limón y freír hasta que se doren las manzanas.

Modo de servir: No olvidar acompañar esta fondue con mojes de cebolla y de rábanos picantes con arándanos.

Variante: Cortar en trozos 600-800 gr de hígado de pavo. Escaldarlos en agua hirviendo. Dejar reposar durante 5 minutos, escurrir el agua y secar con un paño los trozos de hígado. Proceder a partir de ahora según la receta anterior.

Ahora olvidaremos el aceite (y su inconfundible olor) y pasaremos al apartado de las fondues más modernas.

Fondues de caldo

Las recetas más actuales y flamantes de fondue que se elaboran en los restaurantes de Nueva York, París o Munich están basadas en un antiquísimo plato chino: llamado en chino *Huo Kuo* y en el idioma internacional *fondue chinoise*. Se trata de una fondue que no quema aceite ni necesita queso. En la marmita burbujea el caldo en el que se cuece carne magra, pescado de carne consistente y mariscos, y se acompaña de salsas pobres en calorías. Parece, pues, que hemos llegado al capítulo de las fondues «de régimen».

En él hemos recogido recetas de todo el mundo, tanto las originales como las variantes occidentales, así como algunas de invención propia.

La historia de las *fondues chinoises* y los Sukiyaki la contamos en cada receta. Pero, como consideramos que estas fondues del Lejano Oriente se comen y saben mejor con palillos chinos, incluiremos, en vez de contar la historia de estas fondues, unos cuantos consejos para aprender a manejarlos.

La primera ventaja de utilizar palillos chinos es que no se quema uno la boca. Si son de madera, claro. También existen algunos de plástico duro, que, de entrada, rechazaremos por ser de pésima calidad. Los de plata o marfil no son apropiados para comidas calientes.

Los palillos chinos se usan por parejas. Uno de ellos permanece fijo en la mano y el otro se maneja con los dedos. Entre los dos forman una pinza. El palillo fijo se coloca en la parte interna del dedo anular (junto al índice) y se sujeta presionando el pulgar contra la palma, sosteniendo el palillo entremedias. La parte plana del palillo se mantiene en la palma y el anular sujeta la parte redonda aproximadamente por la mitad. El segundo palillo se toma por la parte redonda hacia adelante, y se sujeta entre el pulgar y el índice, tal y como se hace con un lápiz para escribir, aunque algo más arriba. A continuación, se chocan ligeramente las puntas de los palillos contra la mesa para igualarlas y se mueve el palillo superior contra el inferior. Los dos extremos de los palillos actúan como unas pinzas.

Cuanta más soltura se despliegue en su manejo, tanto más fácil resultará el aprendizaje. Naturalmente, hay dotados que aprenderán nada más sentir los palillos en su mano; pero para los menos dotados, aconsejamos constancia y vaticinamos diversión. Además, las comidas chinas o japonesas saben mejor con palillos.

Fondues de caldo

Receta base para fondue chinoise

500 gr de lomo de vaca - 1 l de caldo de pollo - algo de salsa de soja - algo de jerez - 4 yemas de huevo.

Modo de preparación: Cortar el lomo en filetes muy finos del tamaño de una caja de cerillas. Aderezar el caldo con salsa de soja y jerez y colocar la marmita sobre el hornillo hasta que hierva ligeramente. Enrollar los filetitos en el tenedor/pincho y dejarlos cocer en el caldo unos instantes.

Modo de servir: Servir salsas para untar la carne una vez cocida. Asimismo va bien: mangochutney, apio rallado y tomates frescos en rodajas. Una vez acabada la carne, repartir el caldo (mucho más sabroso que al principiop, por la carne cocida en él) en tazas en las que previamente se han puesto las yemas de huevo.

Fondue casera de aves

Esta fondue es de invención propia y está pensada especialmente para personas que, a pesar de seguir un régimen, no quieren pasar hambre.

Ingredientes por persona:

200 gr de pechuga de pollo y escalope de pavo - 100 gr de verdura (apio, puerro, zanahoria, hinojo) - 1/4 l de caldo de pollo - sal y pimienta.

Por cada 4 personas:

1/4 l de vino blanco seco.

Modo de preparación: Cortar en trozos pequeños la carne y las verduras. Disponer la carne sobre un plato. Hacer hervir el caldo junto con las verduras. Agregar el vino.

Caldos de carne para fondues

He aquí dos sugerencias para un caldo casero.

Caldo de carne de ternera

250 gr de pecho de ternera - 250 gr de huesos de ternera - 1 pezuña de ternera partida - 1 manojo de hierbas variadas para condimentar - 1 cebolla - sal - 1 pizca de tomillo - 1 1/2 l de agua.

Lavar la carne y los huesos con agua fría, secar todo con un paño de cocina. Introducir todos los ingredientes en una olla, incluida la cebolla entera. Poner la olla a cocer y quitar la espuma de vez en cuando. Dejar cocer con la tapadera puesta durante 2 horas. Filtrar el caldo por un colador fino.

Caldo de carne de vaca

500 gr de carne para sopa - 3 huesos con médula - 10 granos de pimienta - 2 cebollas - 2 zanahorias - perejil picado - 1 1/2 l de agua - sal.

Poner a cocer los ingredientes con las cebollas enteras durante 3 horas. Quitar la espuma de vez en cuando. Filtrar el caldo por un colador. Extraer la médula de los huesos, pasarla por la batidora eléctrica y añadir el puré al caldo. De esta forma el caldo se hará un poco más oscuro, pero ganará en sabor.

Nota: Las cebollas enteras proporcionan a los caldos y sopas un sabor y un aspecto exquisitos.

Fondues de caldo

Mantener el caldo hirviendo sobre el hornillo y condimentarlo, según gustos, con sal y pimienta. Pinchar la carne y cocerla al estilo de las fondues. Por último, repartir el caldo, junto con las verduras, en tazas.

Modo de servir: Servir con pepinillos y cebollitas en vinagre, así como con salsas pobres en calorías de nuestras recetas (pág. 102 y siguientes).

Nota: Cada ración suma: 220 calorías la carne, 50 cal. el caldo con el vino, 90 cal. dos rodajas de pan blanco y 140 cal. las salsas. ¡En total sólo 500 calorías para una comida de lo más completa! Haciendo un «exceso», se puede acompañar esta fondue con 1/2 l de vino blanco o tinto (300 calorías).

Fondue Maritime

Esta fondue, sin salsas, es las más indicada para los que tienen problemas con la línea: sólo contiene 175 calorías por ración.

200 gr de lenguado - zumo de limón - 200 gr de gambas cocidas y peladas - 200 gr de vieiras - 200 gr de pulpo - 1 l de caldo de pollo - 1/2 cucharadita de eneldo seco.

Modo de preparación: Cortar el lenguado en filetes alargados, enrollarlos y macerarlos en zumo de limón junto con las gambas. Secar las vieiras y cortarlas en rodajas. Cortar también el pulpo en trozos pequeños. Hervir el caldo y añadir el eneldo. Colocar sobre el infernillo y llamar a la mesa a los invitados.

Fondue de pescado al estilo de Theo

El inventor de esta fondue, Theo Ruegg, recibió el primer premio en el concurso de «chefs» celebrado en Ostende (Bélgica). Y así la sigue preparando en su restaurante muniqués «Chesa Ruegg».

Por persona:
200 gr de lenguado - hojas de lechuga - en total alrededor de 1 litro de caldo de pollo.

Modo de preparación: Cortar el lenguado lavado en trozos pequeños y disponerlos decorativamente sobre las hojas de lechuga. Esto les da un aspecto verdaderamente apetitoso. colocar sobre el hornillo la marmita con el caldo hirviendo (el caldo se puede hacer con pastillas de caldo de gallina para que resulte menos graso). Si el caldo se hace con carne de pollo, se puede dejar enfriar en el frigorífico y retirar después la capa de grasa que se forma en su superficie.

Modo de servir: El lenguado, ya cocido en la marmita, se moja en la salsa especial que describimos a continuación. Además, se acompaña con patatas cocidas y ensalada de verdura. Al final se sirve el caldo en tazas.

Salsa especial de vino blanco con gambas

1 cebolla - 40 gr de mantequilla - 2 cucharadas soperas rasas de harina - 1/4 l de caldo de carne ligero - 1/4 l de vino blanco - 2 clavos enteros - 100 gr de gambas - 1 pizca de sal - algo de zumo de limón.

Modo de preparación: Picar la cebolla y freírla ligeramente en la mantequilla. Añadir la harina y remover hasta que quede una pasta homogénea. Añadir el caldo y el vino lentamente. Llevar a ebullición y añadir las gambas y los clavos. Sazonar con sal y zumo de limón y dejar cocer unos 10 minutos. Servir con un cucharón, pues no sólo se trata de salsa para mojar, sino que también se riega con ella las patatas cocidas.

Fondue de pescado y marisco al Chalet Suisse

Al parecer, el creador de la fondue de pescado fue el suizo Konrad Egli —si prescindimos de los guisos chinos y mongoles— o, por lo menos, la ha importado a los Estados Unidos, donde, concretamente en Nueva York, tiene un pequeño restaurante. He aquí su receta:

500 gr de filetes de lenguado - 12 vieiras grandes - 4 colas de bogavante o langosta.

Para el caldo de pescado: 1 l de caldo de almejas de lata - 1/3 l de vino blanco seco - 1/4 l de agua - 1 cebolla grande - 1 zanahoria grande - 2 tallos de apio blanco - 4 granos de pimienta blanca - 1 hoja de laurel - 1/2 cucharadita de sal.

Modo de preparación: Cortar los filetes de lenguado en tiras de 5 cm de longitud, cada vieira en 3 rodajas y las colas de bogavante en trozos de tamaño fondue. Repartir entre cada invitado un plato con los mariscos. Añadir al caldo los ingredientes líquidos y hacerlo hervir. Cortar la cebolla y la zanahoria en rodajas y picar los tallos de apio. Añadir las verduras y condimentos al caldo y dejar cocer a fuego lento unos 30 minutos. Pasarlo por el colador a la marmita, y colocar éste sobre el hornillo.

Las tiras de lenguado necesitan de 30 a 45 segundos de cocción; las vieiras, alrededor de 1 minuto; y la cola de bogavante, apenas 1 1/2.

Modo de servir: Servir rodajitas de limón y salsas variadas. Cuando se haya acabado el marisco y el pescado, servir el caldo en tazas.

Nuestro consejo: Condimentar ligeramente el caldo con azafrán y servir rodajas de pan blanco tostado untados con un diente de ajo.

Fondue de pescado
Ulrich Klever

El vino para acompañar esta fondue debe ser seco. Nosotros recomendaríamos un Mosela. Como siempre, al final se servirá el caldo en tazas.

▷ Pinchos de ternera Baco: una fondue de caldo «especial». Receta en página 67

500 gr de filetes de lenguado - el zumo de un limón - 1 cucharada sopera de salsa de soja china - 250 gr de carpa - 2 cucharadas soperas de sangría - 1 cucharada sopera de jerez - 1 lata de albóndigas de pescado o su equivalente casero (receta en pág. 123) - 250 gr de colas de langostinos - sal según gustos.

Para el caldo: 1 1/2 l de caldo de ternera - 1 hoja de laurel - 5 granos de pimienta - sal - un manojo de eneldo - 1/4 l de vino blanco.

Modo de preparación: Cortar los filetes de lenguado en rodajas y macerarlas durante por lo menos 1 hora en zumo de limón y salsa de soja. Cortar las carpas en trozos y sumergirlas en una solución de sangría y jerez. Sacar las albóndigas de pescado de la lata y dejarlas escurrir. Condimentar las colas de langostino según gustos. Poner el caldo con los condimentos y el eneldo a cocer durante 15 minutos. Añadir el vino y volver a dar un hervor sobre la llama del hornillo. Servir y comer como en las anteriores fondues.

Modo de servir: Servir con pan blanco.

Salsa rápida para fondue de pescado

1 pastilla de caldo claro - 1/4 l de agua - 1 cucharada sopera de zumo de limón - 3 gotas de Tabasco - si acaso una cucharadita o media de eneldo.

Modo de preparación: Mezclar la pastilla de caldo con el agua, siguiendo las instrucciones del envase, y que dé un hervor. Sazonar con el zumo de limón, el Tabasco y, si se quiere, el eneldo. Servir caliente.

Fondue Mediterranée

500 gr de gambas o colas de langostino - 250 gr de queso fundido extragraso - 2 cebollas - el zumo

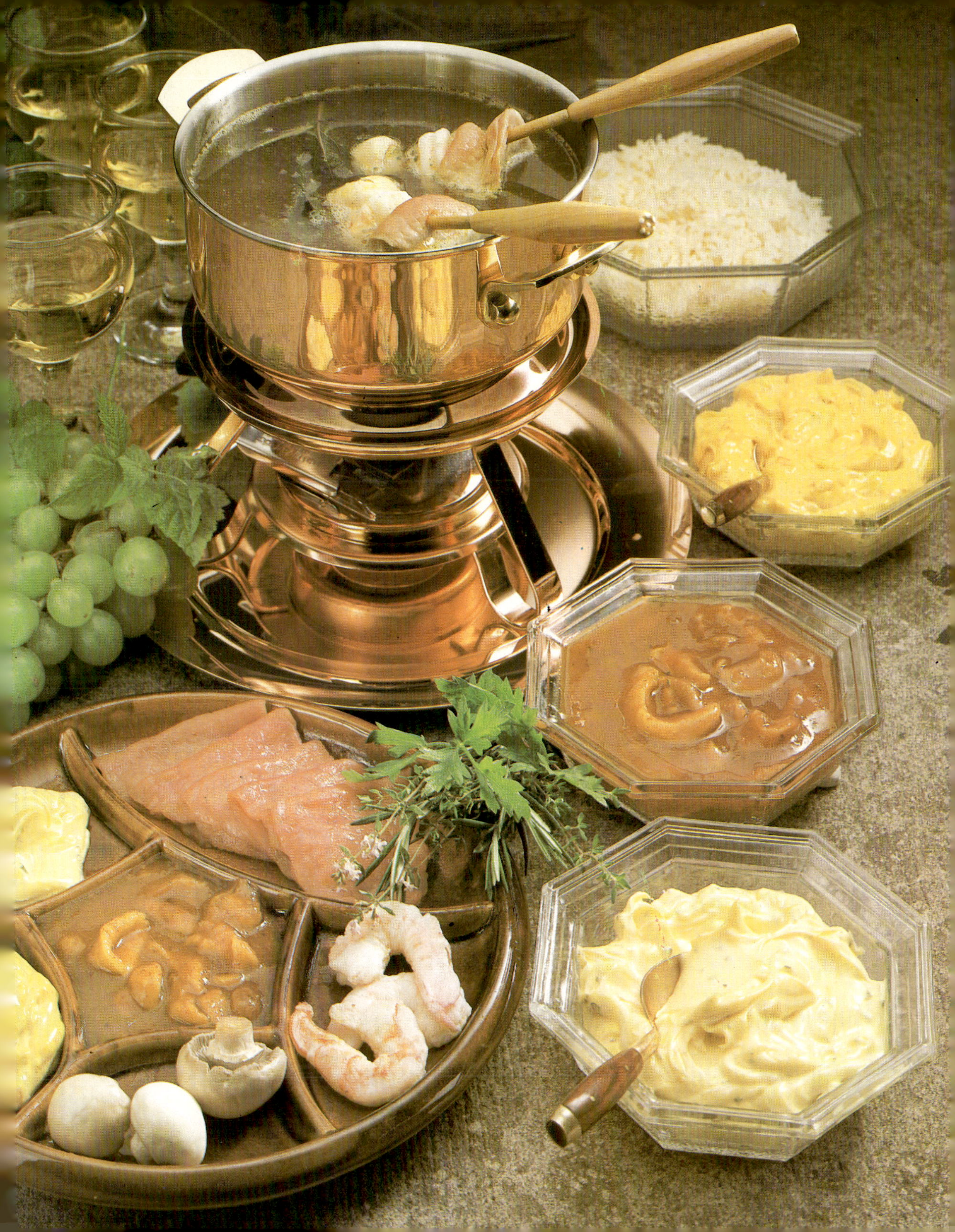

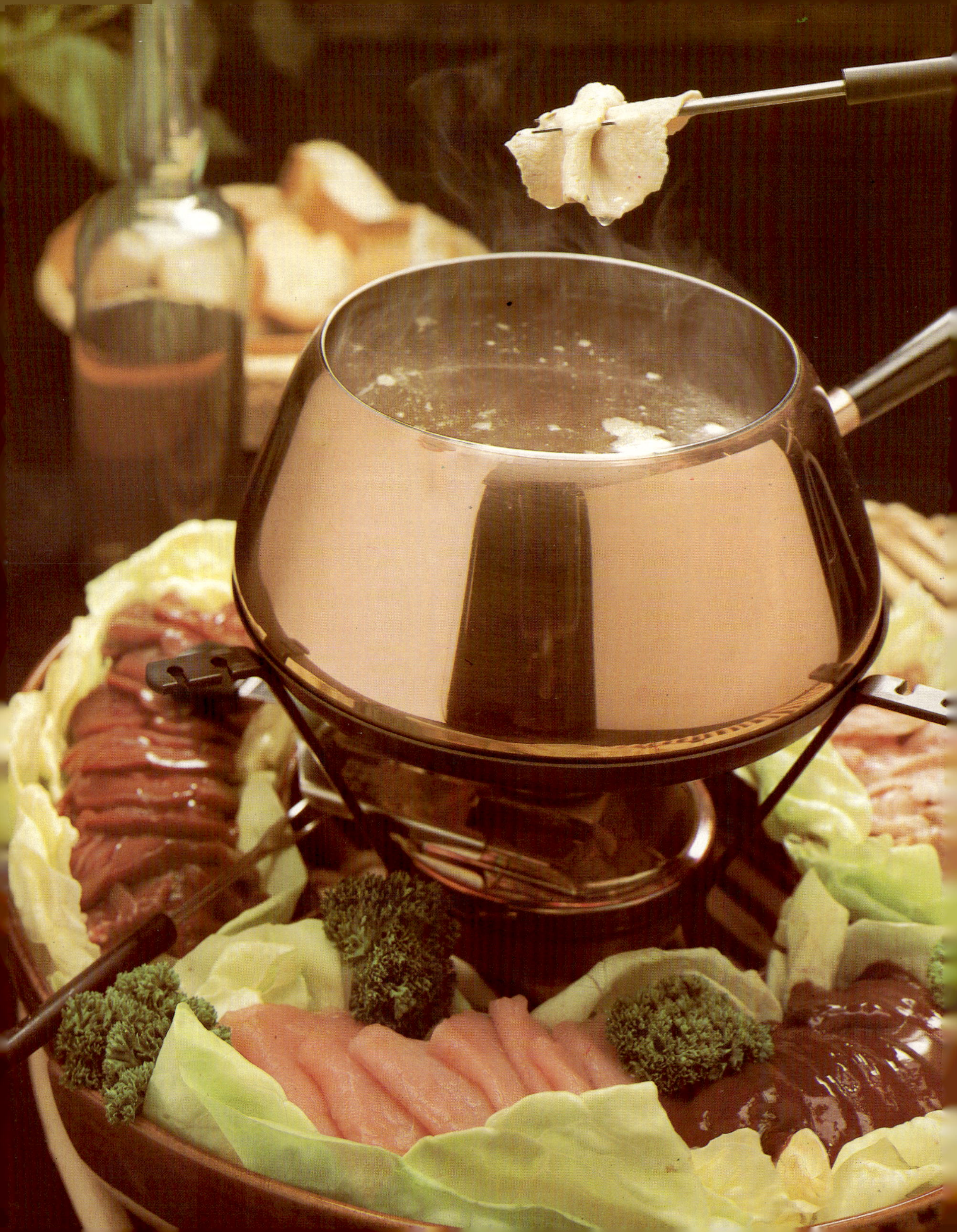

◁ Una fondue diferente: fondue variada de carne y despojos al estilo oriental. ¡Exquisita! Receta en página 59

de 1 limón - 1 litro de caldo de carne (pastillas) - 4 cucharadas soperas de eneldo picado - 1 pizca de pimienta de cayena - 1/2 cucharadita de mostaza fuerte - 1/2 cucharadita de azúcar.

Modo de preparación: Lavar las gambas o langostinos y dejar escurrir. Cortar el queso fundido en trocitos y picar las cebollas. Regar el zumo del limón sobre las gambas y dejar reposar 10 minutos. Hacer cocer en la marmita el caldo de carne con los trozos de queso; al mismo tiempo, remover con la batidora manual para que se disuelvan éstos. Bajar la llama. Añadir la cebolla, así como los demás ingredientes incluido el azúcar. Disponer la marmita sobre el hornillo en la mesa y cocinar las gambas alrededor de 1 minuto.

Modo de servir: Servir con pan blanco y vino del Rin.

Aquí finaliza el grupo de las fondues de pescado. Después de haber leído estas recetas, se habrá podido comprobar que existen mil combinaciones: basta con intercambiar los caldos, ingredientes y salsas.

Ahora toca el turno al grupo de los «Nabe», dentro aún del capítulo de las fondues de caldo. «Nabe» es una palabra japonesa que un libro de cocina nipón explica así: «El Nabe» es un plato único, que se prepara en la misma mesa donde se come. Los comensales cocinan en la olla sus alimentos con ayuda de palillos. Como se puede deducir, esta palabra oriental se corresponde más o menos con nuestra fondue.

Fondue varieté

750 gr de langosta o cola de bogavante - 1/4 l de agua - 2 zanahorias grandes - 100 gr de fideos - 250 gr de lenguado o aleta de tiburón - 4 puerros - 1 lata de almejas chinas - 1 l de caldo de pollo.

Modo de preparación: Cortar la carne de langosta o bogavante en rodajas de 1 cm de grosor. Hervir el agua. Cortar las zanahorias en rodajas gruesas y cocerlas en el agua. A continuación, regarlas con agua fría. Reblandecer durante 1/2 hora los fideos en agua fría y cortarlos en barras de 6 cm. Cortar el lenguado o la aleta de tiburón en trozos tamaño fondue, regarlos con agua hirviendo y, a continuación, con agua fría. Cortar los puerros en rodajas alargadas. Sacar las almejas de la lata y dejarlas escurrir bien. Disponer todos los ingredientes en una o varias tablas de forma decorativa. Servir la marmita con el caldo ya hirviendo en la mesa y proceder como de costumbre.

Pinchos de ternera Baco
(Fotografía en pág. 65)

Se trata de una fondue a caballo entre las de carne y las de pescado. Fue creada por el gastrónomo Karl Brunnengräber, y descrita por Werner Fischer.

Por persona:

150 gr de falda de ternera - 6 colas de langostino - 6 cabezas de champiñón.

Para el caldo: Caldo de pollo: vino blanco seco - tomillo - romero - ajo - raíz de perejil - pimienta - salvia.

Modo de preparación: Cortar la falda en filetitos muy finos. Pinchar los tres ingredientes holgadamente. Preparar el caldo con sus ingredientes y dejar que cueza ligeramente sobre el hornillo.

Modo de servir: Con arroz cocido, pero suelto, y salsas picantes frías y calientes, como salsa de pimienta, salsa de estragón, salsa tirolesa, salsa Cumberland con cerezas y rábanos picantes, mayonesa al curry y mangochutney.

Fondue al estilo Weisham

La base de esta fondue es el puchero oriental tradicional. He aquí una versión europea:

Carne de 1/2 pollo (sin piel) - 1 filete pequeño de cerdo - 200 gr de filetes de vaca - 4 higaditos de pollo

Fondues de caldo

- 250 gr de carne de bogavante - algunas cabezas de coliflor - champiñones frescos - zanahorias - 1 puñado de hojas frescas de espinacas - 4 cucharadas soperas de jerez - 4 cucharadas soperas de agua - 2 cucharadas soperas rasas de fécula - 1 l de caldo de pollo o gallina - 4 huevos - 4 cucharadas soperas de salsa de soja china.

Modo de preparación: Cortar la carne de pollo en tiras y los filetes de cerdo y vaca en filetitos muy finos. Cortar en cuadrados los higaditos de pollo, escaldarlos ligeramente y secarlos bien. Cortar en rodajas delgadas las zanahorias, las cabezas de coliflor y los champiñones. Colocar los ingredientes decorativamente sobre las hojas de espinacas. Batir el jerez, el agua y la fécula y disponerlo en una tacita. Hacer cocer ligeramente el caldo de pollo o gallina sobre el hornillo. Repartir entre los invitados 4 tacitas o platitos hondos con 1 huevo crudo y 1 cucharada de salsa de soja. El anfitrión introducirá entonces un poco de cada ingrediente en la marmita y, después de 1 ó 2 minutos, lo sacará y repartirá en las tacitas de cada invitado. Previamente, cada cual habrá batido su huevo y la salsa de soja. Los ingredientes se tomarán preferentemente con palillos chinos. A partir de ahora, los mismos invitados introducirán los ingredientes en la marmita, no sin antes haberlos pasado por la mezcla de agua, jerez y fécula. Los ingredientes se sacan de la olla a medida que van estando listos y, al final, se reparte el caldo (para entonces muy sabroso) en las tacitas con los restos de huevo batido y salsa de soja.

Algunas aclaraciones acerca de los auténticos pucheros orientales

La genuina olla para hacer puchero chino o mongol es de latón y tiene una especie de chimenea en su punto central (ver fotografía en pág. 86). En ese punto, donde la chimenea, se mete un trozo de carbón vegetal al rojo vivo o un hornillo de alcohol. Alrededor de la fuente de calor está la olla propiamente dicha, donde cuece el caldo. Desgraciadamente, estas marmitas especiales sólo se pueden encontrar en algunos establecimientos muy especializados, además resultan bastante caros. Y decimos desgraciadamente porque son muy decorativos y encajan muy bien en la vivienda decorada rústicamente.

El ritual, sin embargo, no difiere en absoluto del de una fondue normal y corriente. Los chinos, al comer el puchero, empiezan con la carne. Esto hace que el caldo tome sabor, con lo que se benefician las verduras, que se comen a continuación.

Los turistas que han viajado por el Lejano Oriente conocen este plato con el nombre de «Stcamboat». El puchero mongol parece que tiene sus orígenes en un tiempo más remoto, y se le conoce con los nombres de *Dim-Lo* y *Shua-Yang-You*. Para esta modalidad se utiliza carne de cordero, pues los mongoles son grandes amantes de ella.

Puchero mongol 1
(Fotografía en pág. 86)

Esta receta está pensada para 6 (o más) comensales.

Ingredientes para 6 personas:

1500 gr de carne de cordero (falda o paletilla) - 100 gr de fideos - 250 gr de espinacas frescas (hojas) - 250 gr de apio - 250 gr de champiñones - 1 cucharada rasa de azúcar - 8 cucharadas soperas de salsa de soja - 2 cucharadas soperas de aceite de cacahuete - 2 cucharadas soperas de vino de arroz o jerez seco - 1/2 cucharadita de Tabasco - 2 l de caldo de pollo - 1 cucharada sopera de mantequilla de cacahuete - 1 puerro - 1 trozo de jengibre fresco (más o menos de 4 x 4 cm) - 2 dientes de ajo - 2 cucharadas soperas de perejil picado.

Modo de preparación: Cortar la carne de cordero (si es congelada, no dejar que se descongele del todo; si es fresca, meterla en el congelador unas dos horas) en filetitos muy finos y del tamaño de una caja de cerillas. Disponerlos sobre una tabla como si fueran tejas. Reblandecer los fideos en agua, cortarlos en trozos cortos y disponerlos sobre un plato plano. Lavar las espinacas y, después de separar los tallos, colocar las hojas alrededor de los fideos.

Fondues de caldo

Cortar el apio en trozos del tamaño de un dedo y blanquearlos sumergiéndolos unos dos minutos en agua hirviendo. Cortar los champiñones en rodajitas finas y colocarlos con el apio en otro plato plano. Disolver el azúcar en agua caliente. Preparar una salsa con la salsa de soja, el vino de arroz o jerez, el azúcar diluido, el Tabasco y la mantequilla de cacahuete (derretida previamente con un par de cucharadas soperas del caldo de pollo caliente). Repartir esta salsa en 6 tazas y disponer una de ellas ante el servicio de cada comensal. Picar el puerro, el jengibre, el perejil y los dientes de ajo y añadirlos al caldo de pollo, que ya tiene que estar cociendo a fuego lento. Sumergir la carne en la marmita con pinchos o con palillos, dejar cocer y untar en la salsa de soja antes de comerla. Por último, introducir en el caldo las verduras y los fideos durante 1-2 minutos y, al final, repartir el caldo en tazas, como de costumbre.

Puchero mongol 2

Por persona:

75 gr de carne de cordero - 75 gr de carne de ave - 75 gr de ancas de ranas - verduras picadas variadas - setas - caldo de pollo con poca sal y poca grasa (receta en pág. 78) - 1 huevo.

Modo de preparación: Cada invitado tiene ante sí una taza de sopa china. En el servicio se incluye además un pincho para fondue, palillos chinos y, si se dispone de él, un pequeño cazo o un coladorcito. Repartir en tablas, platos o tazones los ingredientes a discreción. La única condición es cortar todo en rodajas finas, para que se preparen rápidamente en el caldo caliente. Cada cual elige lo que más le apetezca y, después de haberlo cocido en la marmita, se condimenta y enfría sumergiéndolo en las distintas salsas que se acompañan. De vez en cuando se llena de caldo la taza china y se bebe de ella. Para que el nivel de caldo en la marmita permanezca constante, es necesario rellenarlo de vez en cuando. Al final del ágape, cada comensal se bate un huevo y lo vierte en la marmita, sacándolo cuando crea conveniente. Para comer el huevo se acompaña con una taza de caldo, que cierra la ceremonia.

Puchero oriental con flores de crisantemo

Probamos la siguiente receta por primera vez en el restaurante hamburgués «Tun-Huang».

80 gr de fideos gruesos - 1 crisantemo blanco - 500 gr de apio - aceite - 125 gr de hojas de espinaca - 250 gr de filete de cerdo - 4 pechugas de pollo - 250 gr de langostinos - 250 gr de higaditos de gallina o de pato - 4 callos de cerdo - 12 ostras o vieiras cortadas en rodajas - 2 cucharadas soperas de jerez - 1 cucharada sopera rasa de fécula - 2 cucharadas soperas de agua - 4 huevos - 4 cucharadas soperas de salsa de soja - 1 1/2 l de caldo de pollo (pastillas) - 2 cucharaditas rasas de sal - 1 cucharada sopera de manteca de cerdo.

Modo de preparación: Reblandecer durante media hora los fideos en agua templada, escurrirlos y cortarlos. Repartir en platitos pequeños: las hojas de crisantemo lavadas, el apio cortado en trozos pequeños, los fideos fritos previamente en abundante aceite caliente durante 1 minuto, las hojas de espinacas lavadas y secadas, el filete de cerdo cortado en filetitos muy finos, las pechugas de pollo cortadas también en lonchas muy finas, los langostinos cortados por la mitad, los higaditos finamente cortados en lonchas y las ostras sin concha. Hacer una salsa con el jerez, el agua y la fécula y salpicar con ella las distintas carnes. Colocar ante cada comensal una tacita con un huevo batido mezclado con la cucharada de soja. Salar el caldo en ebullición y añadirle la manteca de cerdo. Introducir en la marmita las verduras, la pasta, la carne y los langostinos por tandas. Dejar cocer todo de 2 a 3 minutos y recuperar lo introducido. La anfitriona echa entonces en la marmita las hojas de crisantemo.

Nota: Esto último es un rito simbólico, ya que en los libros de cocina china donde hemos encontrado esta receta, no figuraban las hojas de crisantemo.

Fondues de caldo

Variante sencilla (ver fotografía): La preparación es la misma, lo único que cambia son los ingredientes: 1 crisantemo - 500 gr de puerros en aros gruesos - 100 gr de fideos gruesos - 200 gr de tallo de bambú (lata) - 300 gr de filetes de cerdo - 200 gr de lomo de vaca - 2 achicorias de Bruselas en aros - 6 vieiras cortadas en rodajas finas - 250 gr de langostinos.

Fondue Shih-Chin-Nuan-Kuo

La receta de esta fondue o, mejor dicho, puchero oriental está tomada del libro de cocina del «Time-Life». Está pensada para seis comensales. Pero nosotros la hemos simplificado algo, pues es muy complicada y difícil de elaborar.

Ingredientes para 6 personas:

8 setas secas chinas (no las negras Mu-Err) - 60 gr de fideos gruesos - 250 gr de col china - 500 gr de hojas de espinacas - 12 rodajas de tallos de bambú (3 mm de grosor) - 2 lonchas de jamón cocido - 12 albóndigas de pescado (de lata o preparadas por uno mismo, receta en pág. 123) - 12 filetitos muy finos de carne de vaca - 20 gr de mantequilla - algo de anís molido - 5 cucharadas soperas de salsa de soja - 2 cucharaditas de vino de arroz - 12 filetitos pequeños de lomo de cerdo - 1 1/2 cucharadita de azúcar - sal - 1 diente de ajo - 4 huevos - 200 gr de carne picada de cerdo - 2 cucharaditas rasas de fécula - 1 1/2 l de caldo de pollo - 1 cucharada sopera de aceite de sésamo.

Modo de preparación: Reblandecer las setas chinas en agua templada durante 30 minutos, cortar los tallos y tirarlos; cortar los sombrerillos por la mitad. Reblandecer los fideos en agua templada también durante 30 minutos, regarlos con agua fría y cortarlos en trozos. Cortar la col china en tiras, escaldarlas durante 1 minuto en agua hirviendo y dejarlas escurrir bien. Rasgar las hojas de espinaca en trozos pequeños. Cortar las lonchas de jamón en tiras. Disponer todos estos ingredientes junto con las rodajas de tallos de bambú y las albóndigas de pescado en tazones o platitos, y repartirlos por la mesa. Freír ligeramente los filetitos de carne de vaca en la mantequilla hasta que pierdan el color rosado, sazonarlos con el anís; añadir dos cucharadas soperas de salsa de soja y el vino de arroz y terminarlos de freír. Frotar los filetitos de lomo de cerdo con 1/2 cucharadita de azúcar, sal, 1 cucharada sopera de salsa de soja y el ajo picado, y grillarlos al horno hasta que se doren y vuelvan crujientes. Batir los huevos y hacer 6-8 crêpes finas. Mezclar la carne picada con el resto de salsa de soja, la fécula, el resto del azúcar y algo de sal y rellenar las crêpes con la masa formada. Cocer estos rollos al vapor durate 15 minutos, sosteniéndolos en un colador sobre agua hirviendo. Cortarlos en rodajas.

Colocar todo sobre la mesa. Hacer hervir el caldo de pollo. Colocar ante los impacientes ojos de los invitados en una olla, en capas y por este orden: la col china, las espinacas, los fideos, las tiras de jamón, las albóndigas de pescado, las setas, los filetes de vaca, las lonchas de crêpes rellenos, el lomo de cerdo y los tallos de bambú. A continuación, verter suavemente el caldo muy caliente sobre la «torre», teniendo mucho cuidado de que no se entremezclen los «pisos». Colocar la olla sobre el hornillo y dejar cocer a fuego lento unos 10 minutos. Cada invitado recibe una taza con una mezcla de salsa de soja y aceite de sésamo y se sirve con tenedor o con palillos chinos.

Fondue de caldo de carne
(Fotografía en pág. 76)

1 1/2 litro de caldo de carne - 1 kg de carne buena de vaca para fondue - 1 puerro - 2 zanahorias - perejil - 4 gramos de pimienta - 1/2 hoja de laurel.

Modo de preparación: Hervir el caldo. Cortar la carne en trozos de 5 cm de largo por 2 cm de ancho. Introducirlos en la olla con el caldo y dejar cocer durante 1 hora a fuego lento. Limpiar y cortar en trozos pequeños el puerro y las zanahorias. Picar el perejil. Introducir las verduras en la olla y dejar cocer a fuego lento otra media hora. También se puede meter la carne y las verduras a un tiempo en la

Fondues de caldo

olla a presión y cocer todo durante 30 minutos. Colocar la marmita sobre el hornillo e introducir en él el caldo y la carne. Pescar los trozos de carne con pinchos para fondue.

<u>Modo de servir</u>: Servir con pan de hogaza, sal gruesa, pepinillos, rábanos picantes con y sin nata, arándanos, salsa de rábanos picantes con arándanos y mostaza.

Fondue rusa

Basándonos en la anterior fondue de caldo de carne, hemos elaborado esta fondue rusa. Se trata de cocer en un caldo de carne fuerte tres clases de empanadillas, que tienen su origen en Rusia y constituían las raciones que se les daba a los conductores de diligencias del siglo pasado. Esta fondue tiene la ventaja de que las empanadillas se pueden preparar con bastante antelación y guardarlas en el congelador hasta el día de la invitación. Al fin y al cabo, los cocheros rusos también guardaban sus empanadillas congeladas cuando cruzaban la estepa.

Esta fondue está pensada para más de 4 personas.

Para la masa: 1 kg de harina - 6 huevos - agua.

Para el primer relleno: 1 cebolla - 300 gr de carne picada de vaca - 75 gr de carne picada de cerdo - sal - pimienta - ajo en polvo - 1/8 l de agua.

Para el segundo relleno: 250 gr de carne de perca picada - 100 gr de gambas picadas - sal - eneldo - 1 puñado de espinacas picadas.

Para el tercer relleno: 200 gr de choucroute - 50 gr de tocino - 200 gr de costillas de cerdo ahumadas picadas - sal - pimienta - algo de comino.

2 1/2 litros caldo de carne.

<u>Modo de preparación</u>: Hacer una masa con la harina, los huevos y el agua. Tomar la suficiente agua como para que se pueda extender la masa en una lámina fina. Hacer la lámina con el rodillo de cocina. Formar, con la ayuda de un vaso de 4 cm de diámetro, todas las galletas que dé de sí la masa. Para el primer relleno, picar la cebolla finamente y mezclarla con los demás ingredientes. Condimentar generosamente y añadir el agua. Amasar la pasta hasta que adquiera una consistencia blanda, pero homogénea. Para el segundo relleno, mezclar el pescado picado, las gambas, las especias y las espinacas hasta formar otra masa homogénea. Para el relleno número tres, picar finamente la choucroute, cortar el tocino en taquitos muy pequeños y freírlos, y mezclarlo todo con las costillas de cerdo picadas y las especias. Amasar como en los rellenos anteriores.

Poner sobre cada galleta de masa una cucharadita de relleno y doblarla por la mitad. Aplastar los bordes y doblar, y aplastar las dos puntas de la empanadilla, de tal manera que quede como una bola más o menos redonda. Colocar las empanadillas sobre una tabla cubierta por un paño de cocina y dejarlas preenfriar en el congelador. El motivo de que se preenfríen es para que no se peguen entre sí cuando se congelen definitivamente. Sacarlas, envolverlas en una bolsa de plástico fino y congelarlas definitivamente.

Cuando los comensales ya estén sentados a la mesa, introducir la primera partida de empanadillas en la marmita con el caldo hirviendo. Remover de vez en cuando para que no se peguen al fondo o exploten. Dejarlas cocer durante 15 minutos: las empanadillas estarán listas cuando emerjan a la superficie y floten.

<u>Modo de servir</u>: Cada comensal tiene ante sí un plato con un poco de vinagre. Cada cual se pesca sus empanadillas —o las reparte el anfitrión— y un poco de caldo y las come de su plato. Entonces se introduce la segunda partida en la marmita. Conviene tener en la cocina una reserva de caldo hirviendo a fuego lento para rellenar la marmita de vez en cuando. Los 15 minutos de espera hasta que estén litas las siguientes empanadillas, se emplean para beber Vodka muy frío o cerveza.

<u>Un consejo</u>: Si la masa de los rellenos no amasa con facilidad, se puede añadir un poco de fécula para ayudar. Pero esto no debe ir en detrimento de la jugosidad de los rellenos.

Fondues de caldo

Fondue sopera

Se trata de una fondue ciertamente variada, en la que no sólo se eligen los bocados para sumergir en la sopa, sino que también se eligen los caldos.

Caldo de carne, caldo de ternera, caldo de pollo (recetas en las págs. 62 y 78) y diferentes bocados, según gustos.

A continuación podríamos incluir la receta de la fondue japonesa de pollo y verduras Tori Mizutaki o de Shabu Shabu (carne de vaca y verduras en caldo de pollo), pero en el fondo no se trata más que de variantes mínimas de los pucheros orientales. El procedimiento es simple: se sumergen trozos de carne y verduras en el caldo caliente. Ustedes mismos pueden inventar su variante particular de puchero oriental y darle un nombre exótico apropiado.

Algunas sugerencias para los «tropezones»

Tacos de pan blanco: Freír ligeramente tacos de pan blanco en una sartén con mantequilla. Batir un huevo junto con 6 cucharadas soperas de leche, una pizca de sal y otra de nuez moscada. Regar los tacos de pan con esta mezcla batida y revolver todo bien, como si se tratara de una ensalada. Volver a freír los trozos de pan en mantequilla caliente.

Pan con tuétano: Tostar rodajas pequeñas de pan blanco tipo pistola. Cocer las rodajas de tuétano de hueso de vaca, sosteniéndolas en una espumadera, en el caldo caliente. Colocarlas sobre las rodajas de pan tostado. Comer acompañando al caldo, o sumergiéndolo en él.

Pincho de huevo: Batir 2 huevos, 2 cucharadas soperas de leche, 1 pizca de sal, algo de pimienta y algo de nuez moscada. Hervir al baño maría en un molde pequeño de aluminio o en una tacita untada con mantequilla. Cortar en tacos o en rodajas.

Variante 1: Añadir al batido perejil picado y perifollo o eneldo.

Variante 2: Añadir al batido 1 cucharada sopera de tomate frito y una pizca de azúcar.

Variante 3: Añadir al batido 1 pizca de nuez moscada y 1 cucharadita rasa de pimentón dulce.

Albóndigas de sémola: Batir 1 huevo, 1 cucharadita de mantequilla, 3 cucharadas soperas de sémola, sal, nuez moscada rallada y una pizquita de levadura. Dejar reposar durante 10 minutos. Formar albondiguillas con la ayuda de una cuchara pequeña de café, previamente humedecida, e introducirlas en el caldo hirviendo. Cuando floten, colocar una tapadera sobre la olla, apagar la llama y dejar reposar unos 15 minutos. Estos ingredientes dan para 8 albondiguillas, pero se puede multiplicar la cantidad sin problemas.

Nuestro consejo: Espolvorear las albóndigas con perejil picado muy finamente.

Galletas de hígado: Mezclar bien 100 gr de hígado de vaca o de cerdo picado, 1/2 cebolla picada, y perejil picado, así como 6 cucharadas soperas colmadas de pan rallado, 1 huevo, 30 gr de mantequilla derretida, sal y 1 pizca de mejorana. Pasar la masa por un colador de agujeros grandes y dejar que gotee sobre el caldo hirviendo. Dejar cocer durante 5 minutos.

Albondiguillas: Freír ligeramente 1 cucharada sopera de perejil picado en 20 gr de mantequilla. Batir 1 huevo con sal, pimienta y pimentón dulce, y añadir el perejil frito y 2 cucharadas soperas de pan rallado. Dejar reposar durante 10 minutos. Hacer albondiguillas con las manos e introducirlas en el caldo caliente durante 10 minutos. Sacarlas y servirlas.

Variantes: Añadir champiñones, o jamón, o gambas, o pollo. Es necesario picar previamente cualquiera de estos ingredientes.

Modo de preparación: Colocar las sopas sobre el hornillo. Disponer sobre la mesa un cazo pequeño. Cada comensal recibe un plato sopero o un cuenco y se sirve él mismo de los caldos y «tropezones» dispuestos en platitos.

Fondues de caldo

Fondue italiana de tomate

El caldo de esta receta, de color rojo, es también de carne.

500 gr de pechuga de pollo - 500 gr de lomo de cordero - 1 kg de tomates pequeños no demasiado maduros - 4 cucharadas soperas de aceite de oliva - 2 cebollas - 1 cucharadita rasa de azúcar - 1 cucharadita rasa de sal - 1 cucharadita de orégano seco - pimienta negra - 2 cucharadas soperas de tomate frito concentrado - aproximadamente 1 1/4 litros de caldo de gallina - 100 gr de queso Parmesano rallado.

Modo de preparación: Dejar enfriar la carne en el congelador durante dos horas. Cortar los tomates y las cebollas en taquitos pequeños y freírlos ligeramente en aceite. Añadir el azúcar, la sal, el orégano, la pimienta y el tomate concentrado, y cocer a fuego lento durante 20 minutos. Añadir algo de caldo si se sospecha que se va a agarrar. Pasar el puré de tomate resultante por un colador y agregar 1 litro de caldo de gallina. Colocar sobre el hornillo. Cortar la carne semicongelada en filetitos pequeños y proceder como en las fondues de caldo anteriores. Cada comensal tiene ante sí un platito con el queso rallado, en el que reboza la carne una vez lista.

Variantes: Si se desea una fondue más fuerte y picante, condimentar el caldo generosamente con ajo.

Antes de dar paso a las fondues japonesas «Sukiyaki», incluimos una fondue que no se puede encuadrar ni entre las de aceite ni entre las de caldo. Lo que cuece en la marmita es vino.

Fondue Ponche

1 1/2 litros de vino tinto (Beaujolais) - 10 granos de pimienta negra - 5 semillas de malagueta - 1 clavo entero - 10 granos de cilantro - 1/2 barrita de canela en rama - 1 hoja de laurel - 1 cucharada sopera rasa de azúcar - 2 cucharaditas rasas de sal - 1 cucharadita rasa de pimienta molida no muy finamente - 1 cucharadita rasa de ajo en polvo - 800 gr de carne de vaca para fondue.

Modo de preparación: Verter el vino en la marmita. Envolver en una bolsita de gasa las semillas de malagueta, los granos de pimienta y el cilantro, la hoja de laurel y la canela en rama y sumergirla en el vino. Llevar a cocción. Añadir el azúcar a la marmita. Calentar en una sartén la pimienta molida y la sal, removiendo con una cuchara de palo. Agregar el ajo en polvo y servir esta mezcla en platitos.

Cortar la carne en filetitos pequeños y cocerlos en el vino. Cuando estén listos, rebozarlos en la mezcla de pimienta, sal y ajo.

Modo de servir: Con pan de ajo caliente (receta en pág. 124) o con pan blanco tipo pistola (receta en pág. 119).

Variante: Esta fondue también puede hacerse con vino blanco. Pero, en este caso, se utilizará carne de pollo o lomo de cordero, en vez de carne de vaca.

Sukiyaki: una fondue símbolo de la cocina japonesa

He aquí la Sukiyaki, una fondue que representa a la cocina japonesa. La Sukiyaki —la «u» no se pronuncia: Ski-ya-ki— es el plato japonés por excelencia. O eso es, al menos, lo que aquí se piensa. No obstante, la carne siempre ha tenido un papel secundario en la cocina nipona.

La palabra Sukiyaki quiere decir literalmente «asado sobre una reja». Es decir, barbacoa a cielo abierto. Con esto llegamos a la segunda contradicción: la Sukiyaki no se considera típica en el Japón y, además, no tiene nada que ver con una barbacoa.

La preparación de esta fondue es siempre la misma, aunque hay muchas variantes. Para acompañar la Sukiyaki se bebe cerveza (los japoneses son grandes bebedores de cerveza) o, para dar a la comida un toque exótico, vino de arroz.

Sukiyaki al estilo Klever
(Fotografía en página siguiente)

Empecemos con ésta que nosotros aprendimos en el Japón y adaptamos al gusto europeo.

600-800 gr de carne de vaca para fondue - 200 gr de cebollas - 200 gr de zanahorias - 200 gr de puerros - 100 gr de lechuga - 1 lata pequeña de tallos de bambú - 1 lata pequeña (mejor aún si son frescas) de semillas de soja germinadas - 6 setas chinas - 1 puñado de hojas de espinaca - 125 gr de queso de soja (Tofu) - 1/2 l de caldo de pollo - 0,1 l de salsa de soja japonesa - 0,1 l de Mirin (vino de arroz dulce, más suave que el Sake) o de jerez seco - 1 cucharadita rasa de carne concentrada - 1 pizca de azúcar - 2 cucharadas soperas de aceite - 4-8 yemas de huevo - 200-300 gr de arroz cocido.

Modo de preparación: Cortar la carne en filetes muy finos del tamaño de una carta de baraja y colocarlos decorativamente sobre una tabla de cocina. Cortar las cebollas en rodajas delgadas, las zanahorias en barritas de unos 4 cm de largas y los puerros en discos cortados diagonalmente al tallo de la verdura. Cortar la lechuga en tiras alargadas, los tallos de bambú en rodajitas finas y sacar de la lata y escurrir las semillas de soja germinadas. Ablandar las setas durante media hora en agua templada, apartar los tallos duros y cortar los sombrerillos en tiras. Cortar las hojas de espinacas con las tijeras de cocina en tiras y el queso de soja en rodajitas pequeñas. Colocar todo de manera decorativa sobre tablas de cocina, combinando bien los colores. Mezclar en una olla el caldo de gallina, el vino y la salsa de soja y condimentar con la carne concentrada y la pizca de azúcar. No hace falta incluir sal, pues la salsa de soja ya aporta el sabor salado necesario. Calentar el caldo resultante.

Freír ligeramente en un poco de aceite los primeros filetitos junto con algo de verdura. Esto se hace ya en la olla de la que se ha de comer (la auténtica olla para Sukiyaki es de hierro). Añadir el caldo caliente hasta una altura de dos dedos y dejar cocer ligeramente sobre el hornillo. Cada comensal recibe una taza con una yema de huevo cruda y otra con arroz cocido. El anfitrión reparte de la olla porciones y los invitados comen de sus propios tazones, mezclando la carne y las verduras con la yema de huevo (tener preparada otra yema de huevo para cada invitado). En la olla debe haber siempre poco caldo, de manera que la carne y las verduras, más que cocer, se frían lentamente. A partir de ahora, se rellenará paulatinamente la olla a medida que se vaya vaciando y los invitados «pescarán» ellos mismos los ingredientes de la olla a la manera de las fondues europeas. Se deberían emplear palillos, aunque se perdona el uso de pinchos para fondue a aquellos comensales no iniciados en la técnica. También resultaría más típico sentarse en el suelo en torno a una mesa baja.

Consejo útil: El queso de soja es una especie de requesón que se puede conseguir en tiendas especializadas.

Sukiyaki casera

500 gr de carne de vaca tierna (solomillo o lomo) - 500 gr de puerros - 200 gr de hojas de espinacas o lechuga - 150 gr de champiñones o 20 gr de setas secas (Shiitake) - 1 lata pequeña de tallos de bambú - 60 gr de pasta de arroz (Shirataké) - algunos trozos de grasa de riñones de vaca - 1 cucharada sopera de salsa de soja japonesa - 1 cucharadita rasa de azúcar - 1 cucharadita de Sake (vino de arroz) - 4 huevos - arroz cocido.

Modo de preparación: Cortar la carne en filetes finos y pequeños. Cortar los puerros en rodajas de 5 cm de diámetro, las hojas de espinacas o lechuga en tiras y las setas (si son secas, reblandecerlas en agua templada previamente) y los tallos de bambú en rodajas primeramente y después en tiras delga-

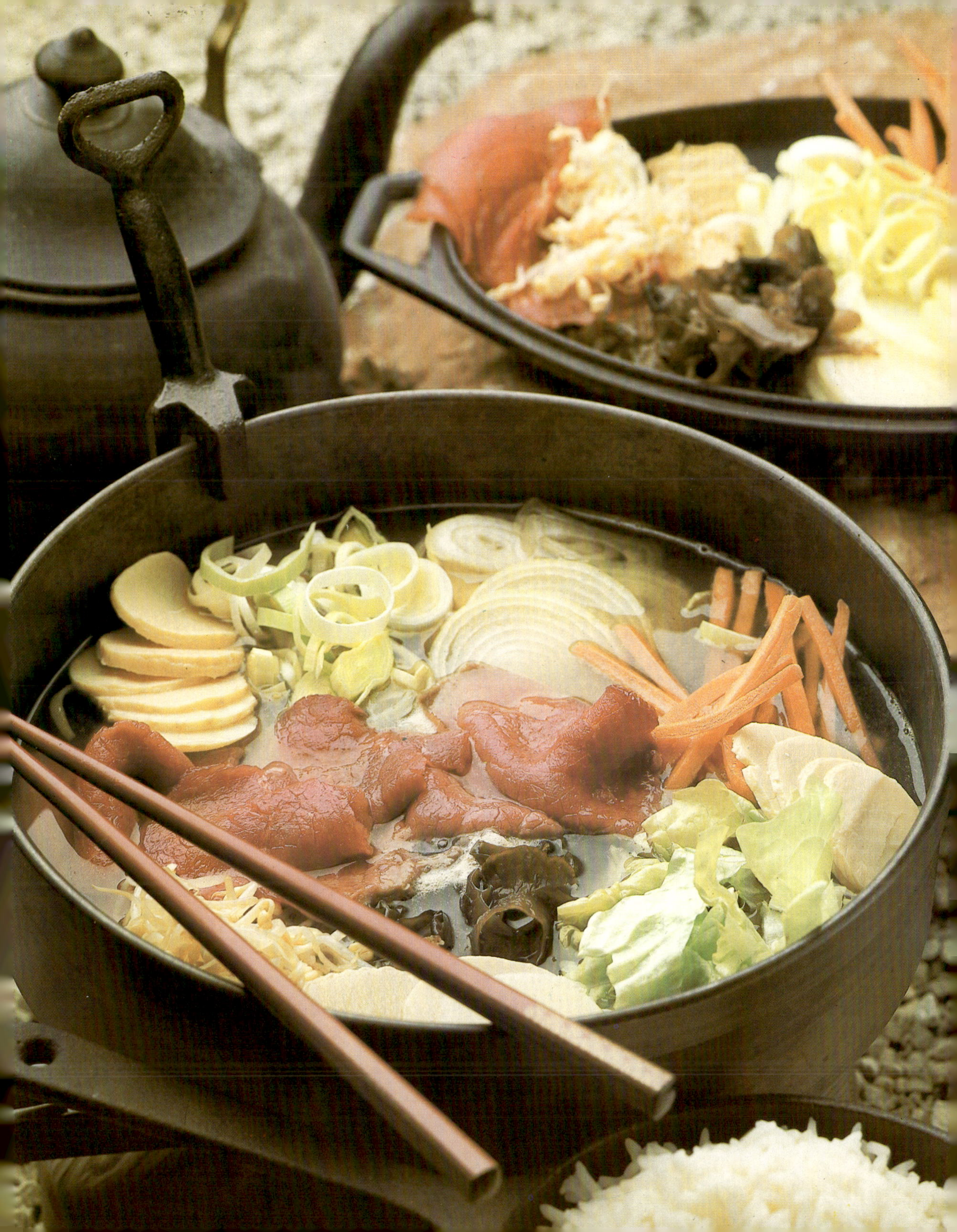

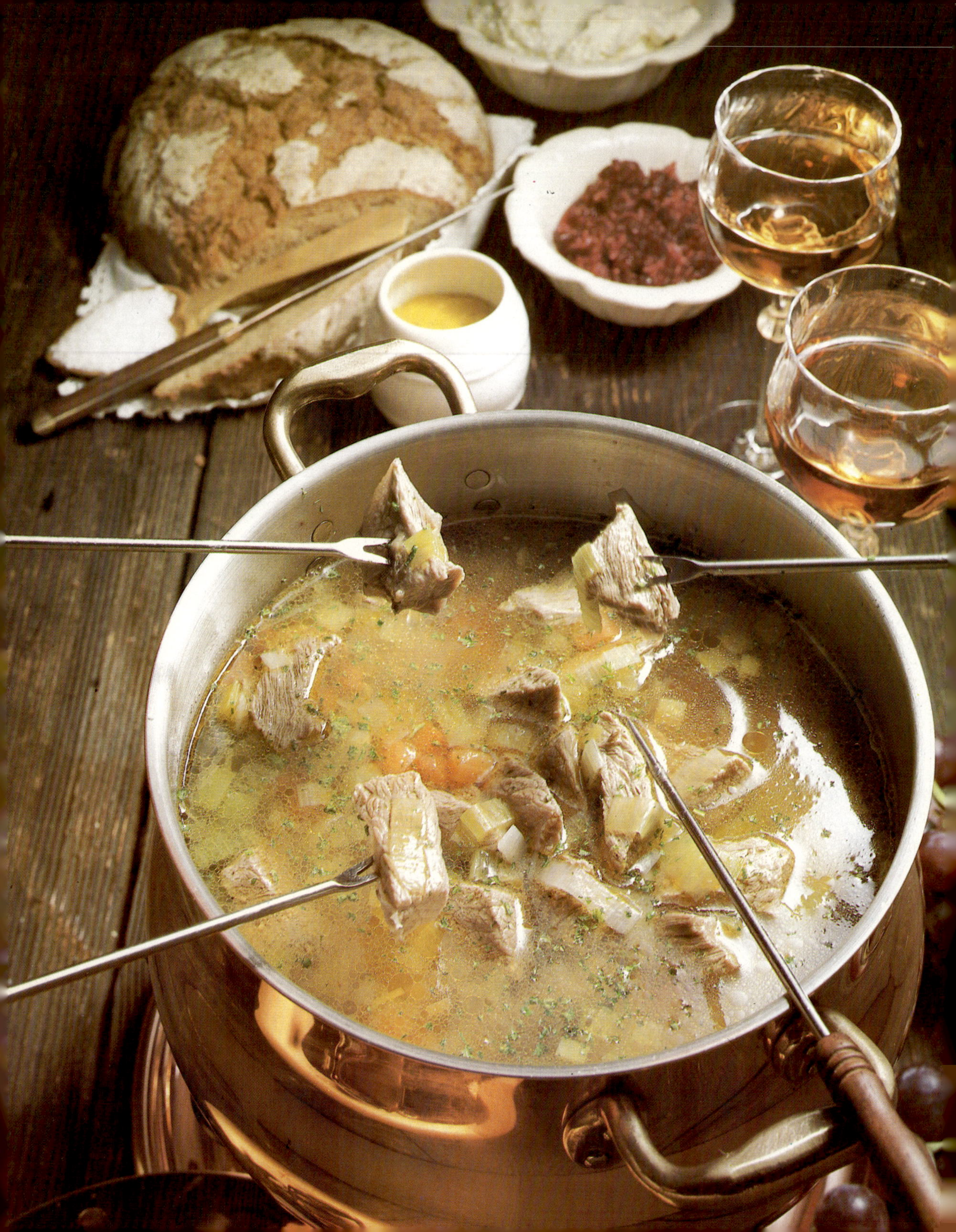

◁ Una fondue nutritiva y sabrosa: fondue de caldo de carne con verduras. Receta en página 70

das. Escaldar la pasta de arroz en agua hirviendo durante unos minutos.

Colocar la olla para Sukiyaki sobre el hornillo y calentarla. Frotar el interior con la grasa de riñones, y dejarlo derretir en la olla. Añadir la salsa de soja, el azúcar y el Sake. Una vez caliente, agregar una parte de la verdura y dejarla freír a fuego lento durante 10 minutos (la verdura cederá agua adicional, así no se agarra). Añadir ahora algunos de los filetitos de carne y dejarlos freír asimismo hasta que adquieran una tonalidad parda.

Agregar entonces la pasta de arroz. Colocar ante cada invitado 1 taza con un huevo batido y otra con arroz cocido sin sal. Durante la comida, añadir a la olla de vez en cuando más verduras y carne. Si acaso, agregar algo más de grasa de riñones, salsa de soja y Sake.

Sukiyaki a la japonesa

La carne ideal para esta fondue es la entreverada, por ejemplo, la parte superior del costillar; aunque lo mejor sería carne de buey de Kobe, la mejor y más cara del mundo. Para alcanzar este grado de calidad máximo se frotan los bueyes de Kobe con alcohol (ginebra japonesa) diariamente, con lo que la grasa se mezcla entre los músculos perfectamente. Además, los animales beben cerveza durante todo el año anterior a su matanza.

500 gr de carne de vaca sin huesos - 1 lata de tallos de bambú - 2 cebollas grandes - 6 champiñones - 12 porciones de Tofu (queso de soja) - 200 gr de pasta de arroz - 150 gr de berros - 1 trozo de grasa de riñones de vaca - 6 cucharadas soperas de salsa de soja japonesa - 3-4 cucharadas soperas de azúcar - 6 cucharadas soperas de Sake (vino de arroz).

Modo de preparación: Cortar la carne como en las anteriores Sukiyakis, así como las verduras y el queso. Escaldar la pasta de arroz durante unos minutos en agua hirviendo y cortarla en trozos pequeños una vez escurrida. Colocar todo en la mesa de forma decorativa. Calentar la olla para Sukiyaki y frotar su interior con la grasa de riñones. Introducir los seis primeros filetitos, rociarlos con salsa de soja y azúcar. Dar la vuelta a la carne al cabo de un minuto y remover la salsa. Retirar a un lado los filetes, agregar aproximadamente 1/3 de los demás ingredientes y rociarlos con Sake. Dejar freír otros 5 minutos y la Sukiyaki estará lista para comer. Si la olla se calienta demasiado, añadir un poco de agua. Esta variante no se sirve con huevos.

Fondue Puegogi

Para esta fondue utilizaremos también una olla para Sukiyaki. En ella se cocerá el caldo de verduras para todos. Aparte, necesitaremos cucharas de porcelana japonesas o, en su defecto, cucharas soperas normales y platitos.

Para el caldo: 3/4 l de caldo de pollo fuerte - 1/2 l de salsa de soja - 50 gr de raíz de gingseng (se trata de una fondue coreana) - 100 gr de tallos de bambú (lata) - 100 gr de semillas de soja germinada - 50 gr de jengibre fresco - 1 pimiento morrón - 100 gr de champiñones frescos - 100 gr de zanahorias - 5 dientes de ajo - sal - pimienta recién molida - 1/4 cucharadita de menta desecada.

Además, por persona: 4 crêpes de harina de arroz finas y calientes de unos 10 cm de diámetro (receta en pág. 124) - 100 gr de filetitos de lomo de buey de aproximadamente 1/2 cm de grosor y 4 cm de longitud - 30 gr de hígado de cordero en filetes - 50 gr de pechuga de pollo, con piel, cortada en trocitos pequeños - 30 gr de gambas - salsa de soja.

Modo de preparación: Mezclar en la olla el caldo de pollo y la salsa de soja. Limpiar las verduras, inclusive las zanahorias, y cortarlas en tiras muy finas (como fideos). Agregar los dientes de ajo y las verduras a la mezcla de caldo de pollo y salsa de soja, todavía fría, y dejarla cocer sobre el hornillo durante 10 minutos.

Modo de servir: Cada comensal tiene ante sí su porción de carne y gambas. Las crêpes de harina de arroz se disponen en un platito aparte, apiladas. Además, cada cual dispone de dos tacitas con salsa

Fondues de caldo

de soja, una dulce y otra salada (manis y asin). A continuación, cada invitado coloca sobre su cuchara una parte de la porción de carne que le corresponde y lo sumerge en el caldo caliente hasta que esté lista. El contenido de la cuchara se deposita en una crêpe de harina de arroz —no olvidar pescar también algo de verdura— y se envuelve en ella. Las empanadillas resultantes se comen con la mano y, antes de cada bocado, se sumergen en una de las dos salsas de soja.

Puchero vietnamita

En ésta y la siguiente receta hemos incluido, además de los ingredientes originales, otros alternativos, pues es probable que algunos sean difíciles de encontrar. No obstante, se pueden conseguir todos estos ingredientes en tiendas especializadas con gran surtido en artículos del Lejano Oriente.

200 gr de carne de vaca (lomo) - 150 gr de pechuga de gallina sin piel - 100 gr de escalope de pescado - 150 gr de pulpo fresco - 150 gr de gambas, cocidas y sin piel - 200 gr de semillas de soja germinada frescas - 1 manojo de ramitas de cilantro - 1 manojo de ramitas de menta - 1 lechuga - 1 pepino - 2 limones - 1 frasco de cebollitas en vinagre - leche de dos cocos o 1/8 l de agua y 1/4 l de leche templada - 10 hojas de arroz - 200 gr de fideos - 1 cebolla - 1 frasco de salsa agridulce (Amoy) - 1 lata de salsa Hoisin o de Chili - 4 cucharadas soperas de salsa Nuoc-mam (diluida) o 1/8 l de salsa Sukiyaki (Kikkoman) - 2 cucharadas soperas de aceite - 1 diente de ajo - 1 pizca de azúcar - pimienta recién molida - sal - 4 cucharadas soperas de salsa Nuoc-mam (sin diluir) o salsa Mammi (Kikkoman).

Caldos de pollo y de pescado para fondues

Caldo de pollo

El costillar, sin carne, de dos pollos o un pavo - 3 cebollas grandes - 1 zanahoria - 1 trozo de apio - «Bouquet garni» (manojo de hierbas) - sal - clara de huevo - zumo de limón - vino blanco seco.

Cortar en trozos el costillar, lavar el apio y la zanahoria. Meter todos los ingredientes (las cebollas enteras), incluida la sal, en una olla con agua y cocer a fuego lento durante 4 horas. Filtrar el caldo, dejarlo enfriar, quitar la grasa que se forma en la superficie. Medir la cantidad de caldo obtenido, calentar y, por cada litro de caldo, añadir 1 clara de huevo, 1 cucharadita de zumo de limón y 2 cucharadas soperas de vino blanco seco. Remover hasta que se haya disuelto la clara de huevo.

Nota: El caldo resulta tan fuerte que casi no es necesario condimentarlo con sal.

Caldo de pescado

Ver al respecto la receta de fondue de pescado y marisco incluida en la página 63. O bien: cocer, durante 2 ó 3 horas y en abundante agua salada, 1 kg de raspas de pescado y cabezas. No olvidar condimentar con hierbas y cebollas enteras. Filtrar el caldo y diluirlo con vino blanco.

Fondues de caldo

Modo de preparación: Pedir al carnicero que nos corte la carne en sentido perpendicular a las fibras y en filetes delgados. Secar la pechuga con un paño de cocina y cortarla igualmente en filetes. Lavar el escalope de pescado y el pulpo con abundante agua, secar a conciencia y cortar en trozos del tamaño algo mayor de una caja de cerillas. Cortar las gambas por la mitad longitudinalmente y extraer la fibra negra central. Lavar las semillas germinadas de soja y dejarlas escurrir. Picar finamente las ramitas de cilantro y dejar las ramitas de menta o hierbabuena enteras. Lavar las hojas de lechuga y secarlas a conciencia. Pelar el pepino y cortarlo en rodajas finas. Cortar los limones asimismo en rodajas finas. Dejar escurrir las cebollitas en vinagre. Cortar las hojas de arroz por la mitad y dejarlas reposar en la leche de coco. Las hojas se vuelven un par de veces y se sacan sobre un paño húmedo. Cocer los fideos en agua hirviendo durante 5 minutos y escurrirlos a través de un colador. Pelar la cebolla y cortarla en rodajas finas.

Colocar todos los ingredientes anteriormente señalados en una o dos fuentes planas (excepto las hojas de arroz y los fideos): en el centro, las tres salsas por separado, y alrededor de ellas la carne y el pescado. En la orilla exterior de la fuente se disponen las verduras, que se adornan con las ramitas de menta. Las hojas de arroz se colocan en un plato aparte, una vez que hierva el caldo sobre el hornillo.

Para hacer el caldo, mezclar en un mismo puchero la leche de coco o la leche aguada, los fideos y la salsa Nuoc-mam o Mammi, condimentar con azúcar, pimienta y sal, añadir el aceite y el diente de ajo triturado. Llevar a una corta ebullición y pasar el caldo a la olla Sukiyaki —que es la que utilizaremos—. Disponer el caldo caliente sobre el hornillo regulado al mínimo.

Modo de servir: Cada cual se sirve de los ingredientes de la fuente y los mantiene en el caldo caliente con palillos chinos o con pinchos para fondue. Colocar sobre una hoja de arroz una parte de verdura cruda o cocida y otra de carne o pescado. Enrollar el bocado y sumergirlo en alguna de las salsas antes de comerlo. En esta fondue está permitido comer los bocados con las manos.

Consejo práctico: No dejar que los ingredientes se hagan demasiado. Sabe mejor si están más bien crudos.

Puchero vietnamita al vinagre

Esta receta nos gusta especialmente —aparte de por su sabor— por su carácter exótico. Además se necesitan platitos pequeños o tazones, y palillos chinos o tenedores de fondue.

Se trata de una receta aprendida de Tien Huu, «el mago de la cocina vietnamita».

600 gr de carne de vaca magra - 1/2 cucharadita de pimienta recién molida - 1/2 cucharadita de sal - 1 coco grande - 1/2 litro de vinagre de vino - 1 cucharadita de aceite - 2 cucharada soperas de salsa Nuoc-mam o Mammi (Kikkoman) - 2 cucharaditas rasas de azúcar - 1 diente de ajo - 1 piña fresca - 1 lechuga - 200 gr de semillas de soja germinada - 340 gr de cebollitas en vinagre - 1 pepino - 1 manojo de ramitas de hierbabuena - 1 manojo de ramitas de cilandro - 2 cebollas - 10 hojas de arroz - 1 botellita pequeña de salsa Mam-nem o Bentang Ketjap (salsa de soja dulce) - el zumo de 2 limones.

Modo de preparación: Secar la carne con un paño de cocina y cortarlo en filetitos finos de 3 cm de ancho. Salarlos y condimentarlos con pimienta ligeramente. Taladrar dos agujeros en el coco y dejar fluir la leche. Mezclar la mitad de la leche de coco obtenida con el vinagre, el aceite, la salsa Nuoc-mam o Mammi y 1 cucharadita de azúcar. Añadir el ajo triturado, ponerlo a cocer y verterlo sobre la olla de fondue.

Cortar la piña en rodajas, pelar la corteza y cortar las rodajitas en taquitos; si la médula es demasiado dura, se puede prescindir de ella.

Lavar las hojas de lechuga enteras y dejarlas secar. Lavar bien el pepino con agua caliente y cortarlo en rodajas finas sin pelarlo. No deshojar las ramitas de cilandro y hierbabuena. Pelar las cebollas y cortarlas en rodajas finas. Cortar las hojas de

Fondues de caldo

arroz en cuatro partes, pasarlas por la leche de coco sobrante y ponerlas sobre un paño húmedo.

Para preparar la salsa, mezclar la mitad de la salsa Mam-nem o salsa de soja dulce con el resto del azúcar, el zumo de limón y 3 cucharadas soperas de piña muy finamente picada. El resto de la salsa empleada para la preparación de ésta se sirve pura. Las tazas con las salsas se disponen en el centro de una fuente grande, y alrededor de ellas se colocan los restantes ingredientes adornados con las ramitas de cilantro y menta. La olla se coloca sobre el hornillo, que estará regulado al mínimo. Las hojas de arroz se sirven aparte, apiladas en un platito.

Modo de servir: Los comensales sumergen en el caldo caliente los trozos de carne con la ayuda de palillos chinos o pinchos para fondue. Mientras, se prepara una hoja de arroz y/o de lechuga y sobre ella se disponen los ingredientes vegetales elegidos. Una vez lista la carne, se pesca de la olla con los palillos o el pincho y se coloca sobre la hoja. Después de enrollar ésta con la carne y los vegetales dentro, se sumerge en las salsas que se prefieran y se come con la mano.

Consejos prácticos: Como sustituto de la leche de coco, se puede emplear una mezcla de medio coco pasado por la batidora eléctrica con agua. Después de dejar reposar la masa, se pasa ésta por un colador grueso. También se puede utilizar una mezcla de agua y leche de vaca.

El cilantro y la menta a menudo son difíciles de conseguir. Lo mejor es cultivarlos uno mismo, aunque sea en un tiesto.

Las hojas de arroz son pequeños bizcochos de forma circular, casi transparentes, de unos 25 cm de diámetro. Están hechos con harina de arroz, y se pueden comprar en tiendas especializadas.

Fondue de pescado Katou

Los huevecillos rojos de las vieiras normalmente no llegan a la mesa, pues el cocinero no resistiendo la tentación, los habrá comido todavía en la cocina. Eso es por lo menos lo que pasa en nuestra casa...

400 gr de mero - 200 gr de aleta de tiburón - 200 gr de trucha - el zumo de 2 limones - sal - pimienta blanca - 12 vieiras - 1 litro de caldo de carne o de pollo - curry o azafrán.

Modo de preparación: Cortar los pescados en filetitos tamaño fondue, regarlos con zumo de limón y dejarlos reposar durante 1 hora. Secarlos bien con un paño de cocina y espolvorear los trozos de aleta de tiburón con pimienta blanca. Extraer de las vieiras los huevecillos rojos (corail), secarlas y colocarlas en una fuente con los demás pescados. Calentar el caldo, verterlo sobre la marmita y aderezarlo, según gustos, con curry o con azafrán. Si se adereza con azafrán, diluir éste previamente en un poco de agua. La fondue está preparada para ser degustada.

Modo de servir: Con alioli o salsa especial de gambas (recetas en págs. 63 y 103), y con mucho jengibre finamente picado.

Gambas al estilo chino

500 gr de gambas o colas de langostino del mar del Norte - algunas hojas de lechuga - 1 lata de pulpo natural - 1 lata de almejas al natural - 3/4 l de sopa de pescado - eneldo fresco - 100 gr de mantequilla - sal - Tabasco.

Modo de preparación: Colocar las gambas sobre las hojas de lechuga. Escurrir bien el pulpo y las almejas, secarlas y colocarlas también sobre hojas de lechuga. Llevar a cocción la sopa de pescado. Picar el eneldo finamente y formar una masa mezclándolo con la mantequilla, la sal y el Tabasco. Repartirla en 4 tacitas individuales. Disponer la marmita sobre el hornillo. Pinchar los trozos de pulpo, almejas y gambas separadamente y dejarlos cocer en la sopa durante 1 minuto. Sumergirlos un momen-

Fondues de caldo

to en la masa de mantequilla y eneldo y, a continuación, en las diferentes salsas.

Modo de servir: Con alioli y salsa de avellana (recetas en págs. 103 y 106). Para acompañar, se puede servir arroz cocido.

Fondue al estilo de la Nueva Cocina

Los japoneses siempre han comido pescado crudo, un manjar exquisito si es realmente fresco y está cortado en filetes extrafinos. Los cocineros de la Nueva Cocina también han descubierto lo exquisito del salmón y las vieiras crudas como aperitivo. Si el chef del restaurante «Le Duc», en el Boulevard Raspail de París, se ha especializado en las delicias del pescado crudo, ¿por qué no probar nosotros también?

200 gr de vieiras - 200 gr de St. Pierre (el rey de los arenques) - 200 gr de salmón en filetes - 200 gr de platija en filetes - 200 gr de mero en filetes - zumo de limón - aceite de oliva superior - aceite de nuez - crème fraîche - pimienta verde.

Modo de preparación: El pescado, calculamos unos 200 gr por persona, ha de ser realmente fresco por razones obvias, aunque puede ser de otros tipos diferentes a los arriba indicados. Meter el pescado en el congelador durante algunos instantes. Sacarlo y cortarlo con cuidado en filetes extrafinos (recomendamos usar cuchillo eléctrico). Extender los filetes en una o dos tablas de cocina. Repartir en jarritas el aceite de oliva, el aceite de nuez y el zumo de limón. Colocar en tacitas la crème fraîche y la pimienta verde.

Modo de servir: Se toman los filetitos de la tabla y, se colocan en los platos individuales y se aderezan según gustos. También recomendamos servir los siguientes escabeches:

Para respetar el carácter de moje (esto es un libro sobre fondues) proponemos los dos adobos siguientes para mojar los trozos de pescado.

Dos adobos para pescado crudo

Mezclar dos cucharadas soperas de vinagre de jerez con 3 de aceite de nuez, perifollo picado, sal y pimienta.

Mezclar 1 cucharada sopera de perejil picado con tres de yogur, 3 de crème fraîche y 1 de zumo de lima o limón. Condimentar con un poco de pimienta verde picada.

Nuestro consejo: Se puede servir con patatas nuevas cocidas. Para beber, recomendamos especialmente champán tipo brut.

Como introducción al capítulo de fondues, tomadas en el sentido más amplio de la palabra, presentamos ésta, que descubrimos en el barrio chino de Nueva York:

Fondue de cerdo agridulce

800 gr de carne asada de cerdo (paletilla) - 1 peperoni rojo picante - 3 cucharadas soperas rasas de fécula - 1/4 l de vinagre de vino - 200 gr de azúcar moreno - 2 pimientos verdes grandes - 2 cucharadas soperas de Sangrita picante - 1 cucharada sopera de mostaza fuerte - 1 cucharada sopera de salsa Worcester - 1 lata de piña en rodajas.

Modo de preparación: Cortar la carne asada, una vez fría, en tiras del grosor de un dedo. Desgranar el peperoni y cortarlo en trocitos pequeños. Diluir la fécula en el vinagre y, junto con el azúcar, llevarlo a cocción con cuidado hasta que se aclare el líquido. Lavar los pimientos y cortarlos en cuadraditos. Añadir los trozos de pimiento y los condimentos al vinagre azucarado, así como la piña, cortada, con su jugo. Tapar la olla y dejar cocer a fuego lento durante 10 minutos. Colocar sobre el hornillo y proceder como en una fondue de carne normal.

Modo de servir: Servir arroz cocido y rociarlo con el caldo de la marmita (incluidos los trozos de pimiento y piña).

Fondues diferentes

Al principio de este libro describimos todo lo que se entiende por la palabra «fondue»: algo que se come en comunidad alrededor de un puchero, que se sumerge en una o más salsas y donde se emplea queso fundido. En este capítulo vamos a describir también recetas de platos que se comen alrededor de un mismo puchero. Entre ellas se encuentran algunas con tradición folklórica, otras que simplemente están de moda y otras que hemos inventado nosotros mismos. Esperamos no haber interpretado nuestra definición de fondue de una manera ni demasiado amplia ni demasiado estricta.

Para la elaboración de algunas de estas fondues hemos empleado una cocina de mesa, últimamente de moda en varios países europeos, de la cual ya hay algunos modelos en el mercado. Sin embargo, cualquiera de las siguientes recetas se puede realizar con éxito con los utensilios convencionales para fondues. Naturalmente, siempre habrá algún perfeccionista que comprará los utensilios especialmente recomendados; sobre todo si la fondue en cuestión le resulta tan apetitosa que desee hacerla más veces.

En algunas recetas también utilizamos una pequeña barbacoa de mesa que los japoneses llaman Hibachi. Sobre su parrilla se tuestan rebanadas de pan con queso, así nos acercamos nuevamente al origen del término «fondue». Obviamente, un Hibachi puede ser sustituido por una barbacoa convencional. En este caso, las fondues se celebrarán en la terraza o en el jardín, con lo que se añade un nuevo aliciente.

Después de esta breve introducción a este capítulo (que también tiene detractores que ponen en duda si estas recetas deben incluirse en un libro de fondues), sólo nos resta animar a nuestros lectores para que las prueben y desearles buen apetito.

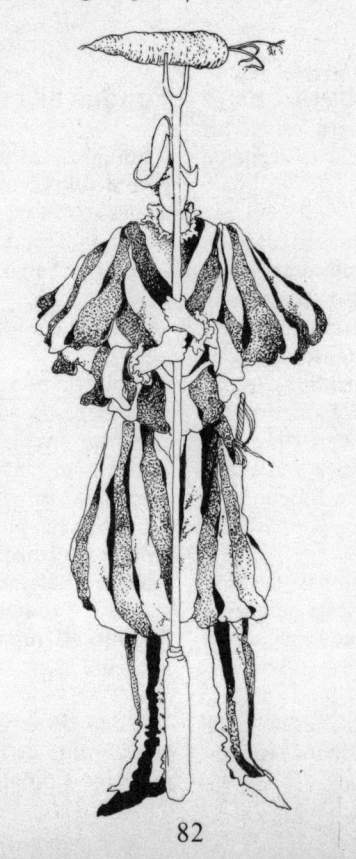

Fondues diferentes

Fondue de vino

1/2 l de vino blanco - 50 gr de almendras ralladas - 2 hojitas de estragón - 1/4 l de caldo de cordero - un poco de sal - 2 rodajitas finas de jengibre fresco o 1 cucharadita rasa de jengibre molido.

Como moje: la carne en pedacitos de un pollo cocido para caldo, sin piel, o pedacitos de la carne de cordero empleada en la cocción del caldo - tacos de pan blanco tostado.

Modo de preparación: Poner el vino y las almendras ralladas en una olla y calentarlo sin que llegue a cocer. Echar también en la olla las hojitas de estragón, para que tome gusto el caldo. Añadir el caldo caliente de cordero (también puede utilizarse caldo de pollo sin grasa). Salar ligeramente, echar las rodajitas de jengibre o el jengibre molido, remover y colocar sobre el hornillo en la mesa.

Modo de servir: Sumergir en el caldo de vino caliente los trozos de carne hasta que estén listos, o los tacos de pan hasta que estén empapados. No se sirven salsas, solamente pimienta, frutos de mostaza en conserva y arándanos. En el servicio, incluir platos y tenedores.

Nota: Naturalmente, en el caldo se puede sumergir carne cruda de vaca o de cordero; pero entonces sería una fondue normal y corriente.

Fondue al estilo de Westfalia

En esta ocasión lo que burbujea en la marmita es un caldo de carne especialmente espeso y sabroso, aromatizado con una o incluso dos copas de aguardiente.

500 gr de carne para sopa - 2 huesos - 1 manojo de hierbas variadas para sopa (se vende ya preparado) - 2 cebollas - 1 pastilla de caldo de gallina - 50 gr de cebada mondada - sal - pimienta - malagueta (pimienta inglesa) - nuez moscada - 2 copitas de aguardiente (4 cl) (el ideal sería Shinkenhäger, típico de Westfalia, pero aquí es difícil de conseguir).

Modo de preparación: Poner a cocer la carne con los huesos en agua fría y quitar de vez en cuando la espuma que se forma en la superficie. Sacar los huesos y añadir las hierbas variadas, las cebollas sin pelar y la pastilla de caldo de gallina. Cocer en la olla a presión durante 50 minutos. Entre tanto, calentar a fuego lento en agua salada la cebada mondada. Pasados los 50 minutos, cortar la carne en trozos muy pequeños y pasarla con la cebada por la batidora eléctrica. Añadir la sopa poco a poco, hasta que se forme una papilla espesa pero todavía fluida. Pasar el caldo formado a la marmita, condimentar, según gustos, con la sal, pimienta y malagueta, y colocarlo sobre el hornillo. Espolvorear la nuez moscada y agregar el aguardiente.

Modo de servir: Sumergir pan moreno o picatostes para fondue (receta en pág. 119).

Fondue Ranchera

La preparación de esta fondue es sencillísima; la dificultad reside en encontrar las patatas adecuadas, pues han de ser muy buenas.

500 gr de Corned Beef alemán (fiambre) - 1 lata de Corned Beef argentino - 1/4 l de caldo de carne (pastilla) - 1 cucharada sopera rasa de fécula - 2 cucharadas soperas de agua - 4 cl de tequila (2 copitas).

Modo de preparación: Derretir el Corned Beef alemán a fuego lento en la marmita; como tiene mucha gelatina, se formará una salsa espesa. Cortar el Corned Beef argentino en taquitos pequeños e introducirlos, junto con el caldo de carne, en la marmita. Remover hasta que se hayan deshecho los taquitos de Corned Beef. Diluir la fécula en el agua y espesar con ella la sopa. Llevar a cocción un momento. Una vez la marmita en la mesa, añadir tequila.

Modo de servir: La fondue Ranchera se come con pan o con patatas. También se puede servir con plátano troceado.

Nota: Las patatas se cuecen y se comen con piel. Por eso es importante elegir patatas con piel fina y limpia. Las mejores son las patatas nuevas. Una vez cocidas, se cortan en cuatro partes. Al sumergirlas en la marmita, conviene llevarse con ellas una buena parte de Corned Beef.

Bagna caôda

Se trata de una fondue similar a las auténticas, que proviene del Piamonte italiano. En ella se sumergen verduras de la temporada en una salsa caliente. Esta se mantiene ligeramente caliente sobre el hornillo regulado al mínimo (incluso conviene apagarlo de vez en cuando, para que no se caliente demasiado).

Los italianos sumergen las verduras previamente en agua helada. Esto hace que pierdan parte de sus propiedades vitamínicas, pero las hace más sabrosas y enfría ligeramente la salsa, con lo que no se quema uno la boca. En vez de pan, se sirve una especie de colines que en Italia llaman Grissini. Se pueden encontrar en establecimientos especializados.

Bagna caôda 1

Es una receta de nuestra propia invención, que ya presentamos en la televisión alemana. El nombre «Bagna caôda» significa «baño caliente» y se pronuncia *baña cauda*. Para beber, nosotros elegimos un rosado suave.

1/8 l de aceite de oliva - 250 gr de anchoas en filetes - 6 dientes de ajo - 6 cucharadas soperas de nata montada - verduras de la temporada en parte frescas, en parte ligeramente escaldadas en agua caliente. Por ejemplo: 250 gr de coliflor, 250 gr de brécol, 500 gr de apio, 1 pimiento verde y otro rojo, 250 gr de zanahorias, 200 gr de champiñones, 200 gr de alcachofas.

Modo de preparación: Calentar el aceite en una sartén. Escurrir las anchoas, machacarlas y agregarlas a la sartén. Triturar los ajos en el mortero y verterlos en la sartén; remover de vez en cuando, mezclándolo todo bien. Añadir la nata. Una vez formada una salsa, verterla en la marmita y colocarlo sobre el infernillo a fuego lento. Lavar las verduras y cortarlas en trozos tamaño fondue; las verduras más duras, como coliflor, zanahorias y brécol, deben ser blanqueadas un poco en agua hirviendo. Disponer éstas en una o más fuentes o tablas de cocina.

Modo de servir: Las verduras se sumergen en la salsa caliente y se comen. Servir rodajas de pan blanco tipo pistola.

Bagna caôda 2

Versión más refinada que aprendimos en un restaurante de Turín.

1/2 l de nata - 4 cucharadas soperas de mantequilla - 8-10 filetes de anchoa - 2-3 dientes de ajo - 1 trufa blanca de lata - verduras variadas en la misma cantidad que en la receta anterior.

Modo de preparación: Cocer la nata durante unos 15 minutos removiendo constantemente. Derretir la mantequilla en la marmita. Picar finamente el ajo y las anchoas y freírlos ligeramente en la mantequilla, sin dejar que se doren. Añadir la nata y la trufa cortada en rodajas finas (también se puede utilizar una trufa negra), y remover hasta que esté a punto de cocer. No dejar cocer. Sumergir los trozos de verdura como en la fondue anterior.

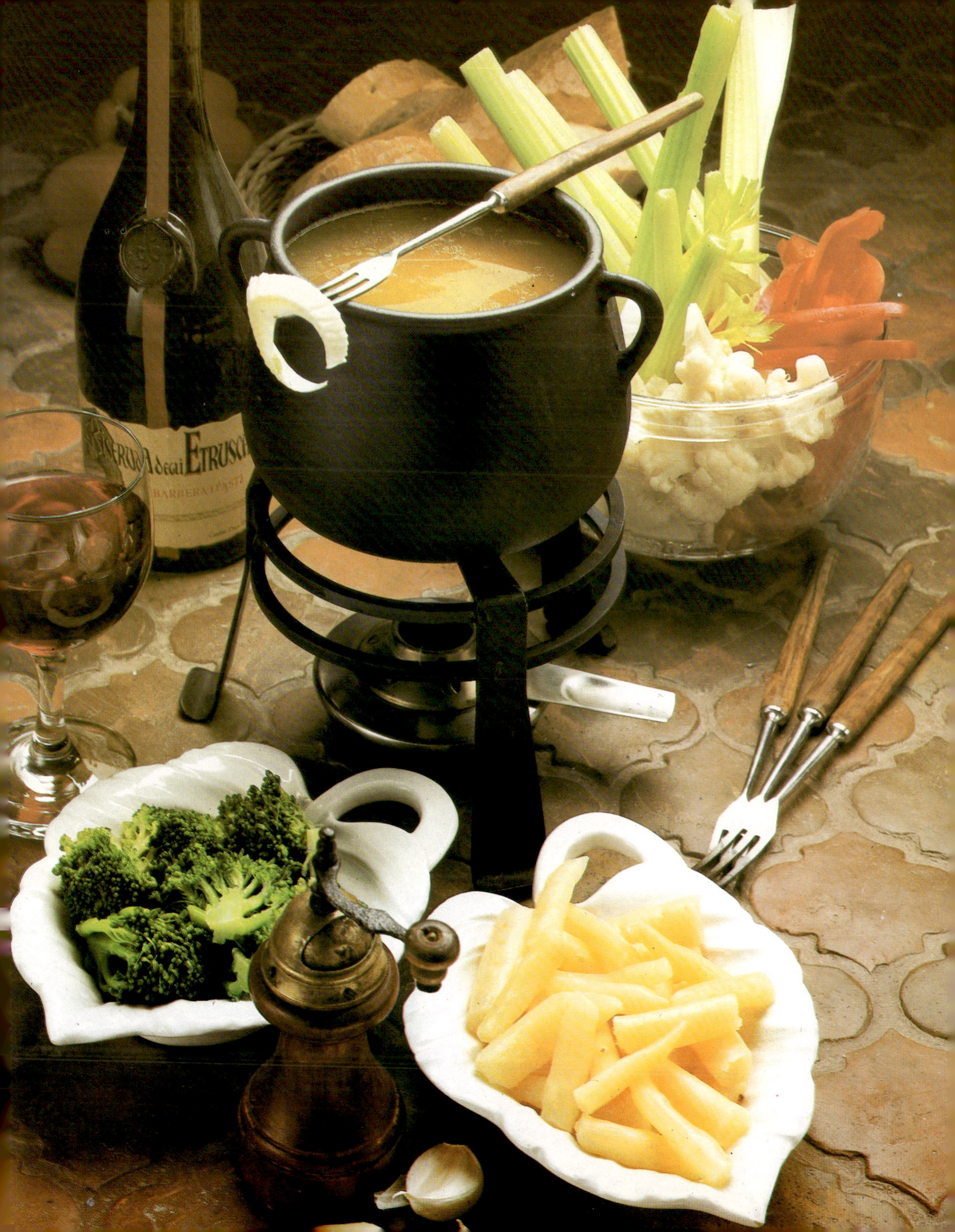
BARBERA D'ASTI

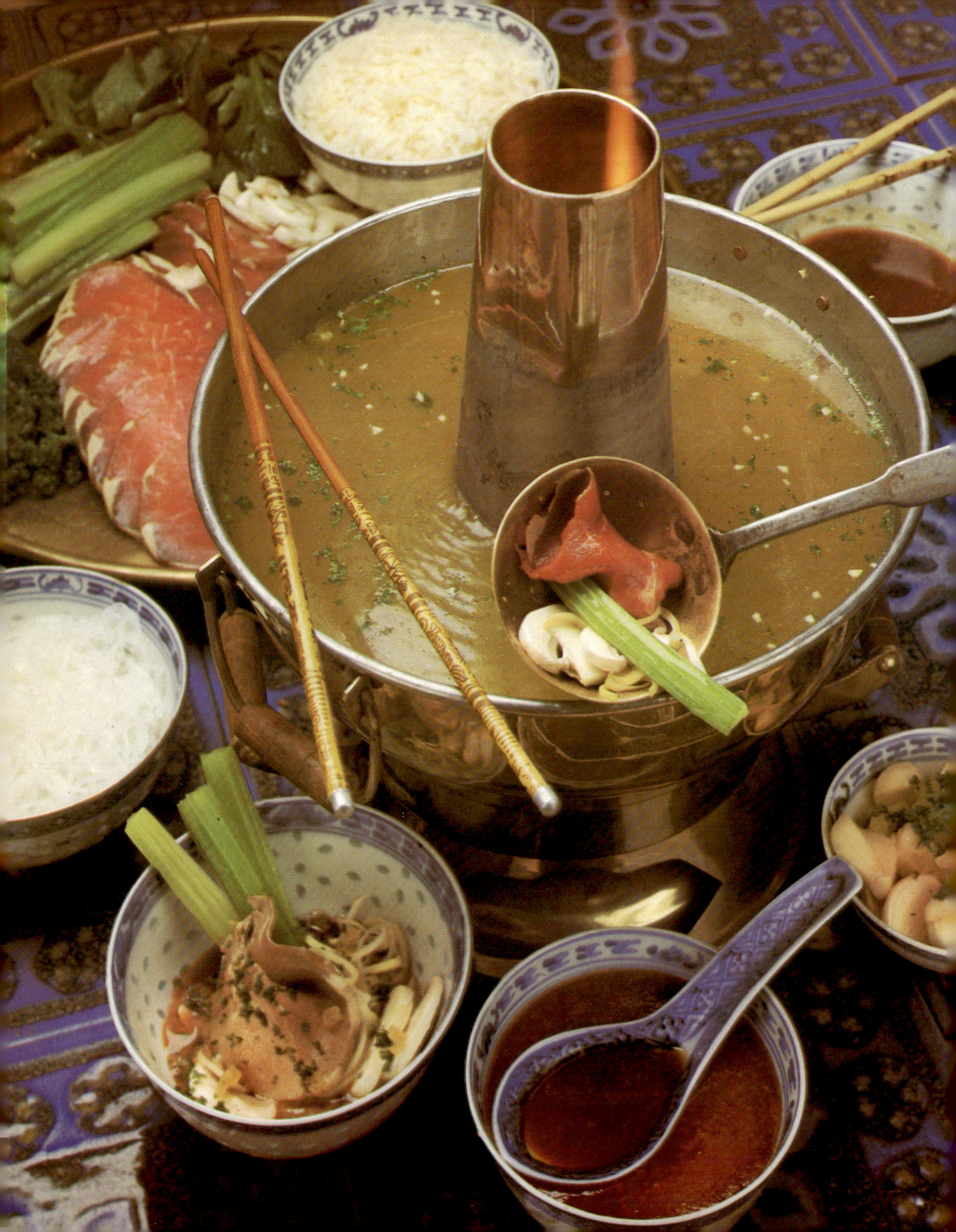

Se dice que el pote oriental es la más antigua de las fondues. Receta en página 68

Consejo práctico: Si se llegara a cortar la salsa caliente, se puede volver a homogeneizarla batiéndola con una batidora manual.

Okaribayaki

Se trata de una receta japonesa similar a la Sukiyaki, sólo que sin caldo. Se comía en la época imperial, cuando los nobles iban de caza. Es ideal para comerla en la terraza o en el jardín.

1 pato de unos dos kg - 3-4 claras de huevos - glutamato o Ajinomoto - 4 setas japonesas secas (Shiitake) - 1/8 l de salsa de soja japonesa - 1 pimiento - 1 batata de lata - 1 trozo pequeño de pepino - 1 yema de huevo - algo de sal - aceite - 1 rábano.

Modo de preparación: Cortar las pechugas del pato en tiras delgadas, quitando previamente la piel. Freír la piel en tiras en una sartén hasta que se vuelva crujiente. La carne de pato restante se pasa por la batidora eléctrica hasta formar una papilla, Mezclarla con las claras de huevo batidas, condimentar con glutamato, dejar reposar 10 minutos y formar con la masa resultante albondiguillas de aproximadamente 1 cm de diámetro. Ablandar las setas en agua durante 30 minutos, tirar los tallos y cortar los sombrerillos en tiras. Batir la salsa de soja y el glutamato y ponerlo en una tacita. Cortar el pimiento, después de desgranarlo, en tiras finas y la batata en rodajas. Colocar la carne de pato, las albondiguillas, las setas y las tiras de pimiento en una tabla de madera. Rallar el rábano y el trozo de pepino y hacer una mezcla con la yema de huevo, sal y glutamato. El moje resultante se reparte en tacitas entre los invitados. Engrasar una sartén de hierro con aceite y ponerla a calentar sobre el hornillo. Repartir entre los comensales palillos chinos o tenedores para fondue.

Modo de servir: Cada invitado toma un par de los distintos bocados y lo pone en su plato. Antes de freír cada bocado en la sartén, se sumerge en la salsa de soja. Después de fritos, los bocados se enfrían un poco sumergiéndolos en el moje de rábano. La piel del pato, crujiente, se come entre bocado y bocado.

Fondue de patatas Campesina

Esta receta la descubrimos en la Selva Negra alemana.

4 cebollas grandes - 2 cucharadas soperas de vinagre de vino - 3 cucharadas soperas de aceite - pimienta - sal - patatas cocidas.

Modo de preparación: Picar las cebollas muy finamente. formar una salsa con las cebollas, el vinagre, el aceite, la pimienta y la sal. La salsa se vierte en una fuente honda, que se coloca en el centro de la mesa. Cocer las patatas con piel. (Ver nota de la fondue Ranchera de la pág. 84). Las patatas se comen con piel, untándolas previamente en la salsa de cebolla.

Fondue de patatas con requesón

Así es como llamamos a esta variante de la fondue anterior. Ha sido inventada por nosotros mismos.

750 gr de requesón - 4 cucharadas soperas de aceite - 1 cucharada sopera de perejil picado - sal - pimienta - 1 pizca de azúcar.

Modo de preparación: Hacer una salsa con los ingredientes arriba citados y ponerla en una fuente en el centro de la mesa.

Modo de servir: Untar en la salsa patatas cocidas sin pelar. Se puede servir mantequilla morena, hierbas variadas picadas, sal de cocina y algunos trozos de Camenbert.

Fondues diferentes

El secreto del éxito de ésta y las siguientes fondues reside en ofrecer a los invitados un amplio surtido de salsas y mojes.

Fondue de alcachofa

Por persona: 2 alcachofas - 1/2 limón - sal.

Modo de preparación: Lavar las alcachofas separando algo las hojas exteriores. Tirar el tallo, así como las 3 ó 4 hojas inferiores. Frotar con limón en los puntos por donde se han cortado. No cortar las puntas de las hojas, como tan a menudo se recomienda. Cocer las alcachofas durante 40 ó 50 minutos en agua salada y agriada con unas gotas de limón. Estarán listas cuando las hojas se desprendan con facilidad. Dejar escurrir en un colador con las puntas hacia abajo. Servir calientes o frías. Se comen con las manos, sujetando las hojas por su parte gruesa: se sumergen en las salsas y se aprovecha con los dientes la parte superior. Se dispondrá de un plato vacío para depositar los restos de las hojas. Incluir en el servicio un tenedor para sumergir el corazón de la alcachofa, su parte más preciada. La parte comestible de una alcachofa grande pesa unos 200 gr y tiene unas 125 calorías.

Modo de servir: Servir, además de salsas preparadas, mayonesa diluida en yogur, salsa vinagreta, salsa de hierbas (receta en pàg. 107), salsa bretona (receta en pàg. 104), Salsa Niza (receta en pàg. 109), salsa de Roquefort (receta en pág. 110), salsa infierno caliente (receta en pág. 111), salsa Cornichon (receta en pág. 105) y salsa de naranja (receta en pág. 108).

Fondue de espárragos

Los espárragos se pueden conservar unos dos días si se envuelven en un paño húmedo. Al cocerlos, el agua hierve rápidamente y corre el peligro de que se derrame.

Por persona: 1 kg de espárragos gruesos - sal (1 cucharada sopera por cada dos litros de agua) - un poco de azúcar.

Modo de preparación: Pelar los espárragos con sumo cuidado. Se pela la parte exterior, que es algo leñosa, pero con cuidado de no llevarse consigo la carne. No dejar los espárragos sumergidos en agua, pues perderían rápidamente los valiosos minerales que contienen. Cocer a fuego rápido los desperdicios resultantes del pelado durante 15 minutos. Añadir el azúcar y el manojo de espárragos bien atados entre sí, de tal manera que quede apenas cubierto por el agua. Según el grosor de los espárragos, tardarán entre 25 y 40 minutos en estar listos. Para comprobar cuándo están cocidos, se prueban las puntas, pues es lo que más tarda en ablandarse. Obviamente, lo ideal sería que los espárragos fueran más o menos del mismo grosor. Escurrirlos y servirlos calientes. Cada invitado no recibe su parte de una vez, sino poco a poco.

Modo de servir: Servir con mantequilla morena derretida, mantequilla sólida en rodajas, mantequilla blanda a las hierbas, huevos duros y pasados por agua, huevos al revoltillo en porciones, distintas clases de jamón (desde poco curado y ahumado, hasta cocido o de York) en tacos o rodajas de distinto tamaño.

También se puede servir tacitas con gambas, langostinos, camarones, almejas en vinagre, salmón ahumado o anchoas ahumadas, etc.

Por lo que se refiere a las salsas, se puede servir mayonesa, mayonesa batida con nata, mayonesa con yogur, mayonesa con ajo picado, salsa holandesa (receta en pàg. 106), salsa al estragón (receta en pág. 105), salsa chantilly (receta en pág. 104), o salsa de avellana (receta en pág. 106).

Una idea: Se puede dar un toque exótico a esta receta tomando espárragos verdes de California. Estos sólo se pelan el tercio inferior y necesitan de 10

Fondues diferentes

a 15 minutos de cocción. Se pueden servir junto con espárragos blancos, resultando un bonito contraste de colores y tamaños (los verdes son más delgados que los blancos). Nosotros comemos los espárragos con la mano, pero en el servicio incluimos cuchillo y tenedor para la guarnición.

Consejo práctico: Los espárragos se cuecen más fácilmente en un cocedor de espárragos. Para ello se cuece primero el caldo con los desperdicios, luego se extraen éstos y se mete el recipiente móvil con los espárragos.

Fondue de mostaza

El secreto de esta fondue reside en los diferentes tipos de mostaza. Lo ideal sería ofrecer por lo menos 12 clases diferentes. En una tienda de especialidades francesas se pueden encontrar bastantes variedades.

Ingredientes para 6 personas:

Salchichas de distintas clases (de Frankfurt, de Viena, de Lyon, blancas, al ajo, para cocktail, etc.); la cantidad depende del tamaño: 12 si son pequeñas, 6 si son grandes - una tabla de quesos con Emmental, Edamer, Harzer y Gouda - 500 gr de lonchas de bacon - 500 gr de gelatina de cerdo - mostaza de Lyon - mostaza al rábano - mostaza a las hierbas - mostaza dulce - otros tipos de mostaza - distintas clases de pan moreno - pan blanco.

Modo de preparación: En el centro de la mesa se coloca una fuente con agua caliente, en la que nadan las salchichas previamente preparadas en la cocina.

Modo de servir: Para beber, servir cerveza y licores o aguardientes suaves. Se trata de una fondue en la que no se suele hablar más que de comida: «¿Qué tal te parece la mostaza de rábanos con salchichas de Munich? Prueba esta combinación... etc.».

Variante: En vez de salchichas, se puede ofrecer una amplia gama de jamones.

Salchichas agridulces

3/4 l de agua - 3 cucharadas de vinagre de vino - 2 cucharaditas rasas de azúcar - 1/2 cucharadita de sal - 1 hoja de laurel - 2 cebollas grandes - 24 salchichas pequeñas.

Modo de preparación: Cocer el agua junto con el vinagre, el azúcar, la sal y la hoja de laurel. Cortar las cebollas en aritos finos y añadirlos al caldo. Agregar las salchichas y dejarlas cocer a fuego muy lento durante 15 minutos. Servir con el caldo y las cebollas.

Fondue de sartén

En Suiza y otros países europeos se han comercializado recientemente unas pequeñas sartenes individuales con unos pequeños quemadores de alcohol. En este apartado ofrecemos algunas sugerencias para su utilización.

¿Qué se puede freír en estas sartenes?: En principio, cualquier tipo de chuleta, filete o steak. Eso sí, no deben ser demasiado grandes ni gruesos. Se fríen en seco (las sartenes están recubiertas en su mayoría por una capa de teflón) o con un poco de mantequilla. Lo único en que se diferencia este tipo de fondue de una fondue normal de carne es que cada cual dispone de su propia sartén y *réchaud;* también, en que huele menos a aceite caliente.

Fondues diferentes

Otras sugerencias para freír carne: Filetes de hígado de cordero o cerdo, trozos de hígado de pollo o gallina, lonchas de bacon (envueltas en hojas de salvia), rodajas finas de riñones de cordero, filetes de pavo, escalopes de pechuga de pollo, albondiguillas de carne picada, salchichas pequeñas, embutidos.

¿Qué otras cosas se pueden freír?: Lonchas gruesas de queso Appenzeller o Emmental a modo de raclettes. Huevos fritos o revueltos con hierbas, chorizo o jamón. Tortillas francesas con queso fundido.

Champiñones cortados en rodajitas finas (sumergirlos hasta el momento de cocinarlos en zumo de limón y secarlos antes de utilizarlos). Pepinos en rodajas, plátanos cortados en rodajas longitudinalmente, rodajas de naranjas sin pelar, anillos de piña y rodajas de manzana. La fruta se puede caramelizar con azúcar.

Los «accesorios»: Sal (gorda y fina), molinillo para pimienta, pimienta molida gruesa, distintas clases de hierbas desecadas en sus frascos, currys, ketchups, relishes. Panecillos de diferentes tipos, patatas fritas (de bolsa), ensalada, pepinillos, cebollitas en vinagre, etc.

Esta fondue es un auténtico prodigio culinario: cada invitado descubre, ensaya y prueba nuevas combinaciones. Conviene tener a mano una botella de coñac y otra de whisky, por si a algún comensal se le ocurre flamear algún alimento.

Fondue a la parrilla

Es el título genérico para las siguientes recetas. En este caso, el punto central no es la marmita ni las sartenes, sino la barbacoa o la parrilla. Resultan ideales para disfrutar de una noche de verano en la terraza o el jardín.

Diablillos

6 rodajas de pan blanco de 1 cm de grosor - 100 gr de queso Roquefort o Edelpilz - 50 gr de nueces molidas - 50 gr de mantequilla - pimienta blanca.

Modo de preparación: O bien se tuestan las rodajas de pan previamente o son los mismos invitados quienes lo hacen. Lo que sí se ha de hacer antes de sentarse a la mesa, es preparar una masa con los ingredientes. Los comensales untan sus rodajas de pan precalentadas con la masa y las grillan unos 2-3 minutos. Los bocadillitos saben a queso y nuez con un toque picante. Delicioso.

Modo de servir: Para rebajar un poco el sabor picante, se puede untar sobre el queso una cucharadita de mermelada de arándanos. Para beber, recomendamos una cerveza clara o un vino tinto fuerte.

Para preparar estas «fondues a la parrilla» recomendamos una barbacoa de carbón vegetal del tipo Hibachi. Es una barbacoa relativamente pequeña hecha de acero templado y contiene un tiro de aire especialmente bueno. Además no produce tanto humo como otras de esta clase. A continuación describimos dos pinchos diferentes: Lamchi & Boonchi y Sate Ajam, que provienen de las Antillas y de Indonesia respectivamente.

Pinchos Lanchi & Boonchi

Ideales para asar en una barbacoa en el jardín o la terraza.

Escabeche para 4 pinchos: Zumo de dos limas - 2 cucharadas soperas de aceite - 1 cebolla - 1 pimiento picante - 1 cucharada sopera rasa de curry - 2 cucharaditas rasas de jengibre molido - 1 cucharadita rasa de sal - 1 diente de ajo.

Fondues diferentes

Pinchos: 16 trozos de paletilla de cordero (tamaño pincho moruno) - 2 rodajas de piña en cuadrados (si es posible piña fresca) - 4 lonchas de bacon - 8 tiras de pimientos (de 5 cm de longitud).

Modo de preparación: Para el escabeche, mezclar el aceite (de oliva) con el zumo de lima y añadir la cebolla rallada. Picar el pimiento picante y agregarlo junto con los demás condimentos. Por último, agregar el ajo pasado por el mortero. Meter la carne en el escabeche y dejarla macerar una noche.

Ensartar la carne en los pinchos, alternándola con el bacon enrollado, las tiras de pimiento y los trozos de piña. Mientras los pinchos se están haciendo en la parrilla, untarlos de vez en cuando con el escabeche. Situar la parrilla a unos 10 cm de las ascuas. Tiempo de preparación: de 10 a 15 minutos.

Modo de servir: Servir con salsa de cacahuete (receta en pág. 105).

Pinchos de pollo - Sate Ajam

4 pechugas de gallina enteras y con piel - zumo de limón - sal - pimienta.

Modo de preparación: Cortar la carne cruda en cuadrados de 2 cm de lado. Pinchar 5 de ellos en un pincho de madera, salpicarlos con zumo de limón y sazonarlos con sal y pimienta. Dejar reposar unos 15 minutos. Grillar durante 10 minutos. Servir con distintas salsas y mojes, tanto caseros como ya preparados. Recomendamos especialmente las salsas indonesas.

Variantes: En vez de pollo o gallina, se puede emplear carne de cordero, de cerdo o de vaca. Calculamos 250 gr de carne por persona. Eso sí, debe ser magra y que se deje freír fácilmente.

Nuestro consejo: La carne, del tipo que sea, también se puede macerar previamente como en la receta anterior. He aquí dos métodos para elegir:

Adobo 1

1 cucharadita rasa de comino molido - 1 cucharadita rasa de cilantro molido - 1 cucharadita rasa de ajo en polvo - 1 cucharada sopera rasa de azúcar morena - 2 cucharadas soperas de salsa de soja dulce (manis) - 1 cucharada sopera de zumo de limón o lima - sal - 3 gotas de Tabasco.

Modo de preparación: Mezclar los ingredientes y sumergir los trozos de carne durante unas horas. No untar los pinchos con el adobo cuando se estén grillando.

Adobo 2

1 cucharada sopera de cebolla rallada - 1 cucharada sopera de ajo picado - 1 cucharada sopera de cilantro molido - 1 cucharada sopera rasa de curry - 5 cucharadas soperas de coco rallado - 8 cucharadas soperas de caldo de carne - 2 cucharadas soperas de zumo de limón o lima - 2 cucharadas soperas rasas de azúcar morena - sal - pimienta.

Modo de preparación: Mezclar los ingredientes y sumergir los trozos de carne. Llevar a cocción y mantener 10 minutos a fuego lento. Pinchar la carne una vez fría en los pinchos y servir. Grillar durante 8 minutos.

Fondue Paleolítica
(Fotografía en página 96)

Hace poco los japoneses han comercializado una especie de plato grande de piedra sobre el cual se fríe. Remotamente nos recuerda a la edad de piedra. A la siguiente receta también llamamos fondue porque se fríe alrededor de un mismo hornillo y se sumergen los trozos de carne en diferentes salsas.

750-1000 gr de carne de cerdo para fondue.

Fondues diferentes

Para el escabeche: 2 cucharadas soperas de semillas de sésamo - 2 dientes de ajo - 1 cebolla pequeña - 2 cucharadas soperas de aceite de cacahuete o mantequilla - 5 cucharadas soperas de salsa de soja dulce - 1/8 l de caldo de pollo.

Modo de preparación: Cortar la carne en filetitos de 1/2 cm de grosor. Dorar las semillas de sésamo en una sartén sin aceite, removiendo constantemente. Sacarlas de la sartén y dejarlas enfríar. Picar la cebolla y el ajo no muy finamente. Mezclar el sésamo, el ajo, la cebolla, el aceite de cacahuete, la salsa de soja y el caldo de pollo y pasarlo por la batidora eléctrica. Regar con el puré resultante la carne y dejar macerar unas horas. Guardar el escabeche y secar la carne con un paño de cocina.

Calentar fuertemente el plato de piedra sobre el hornillo y extender en él un poco de aceite de cacahuete. Cada invitado se fríe sus trozos de carne, según su propio gusto, entre 2 y 5 minutos. Colocar el escabeche sobrante junto con las demás salsas.

Modo de servir: Con pan blanco tipo pistola (receta en pág. 119), salsa de cacahuete (receta en pág. 105), moje de lima (receta en pág. 108) y estilo Calcuta (receta en pág. 107).

Variante (ver fotografía): Freír en el plato de piedra 800 gr de carne de vaca en filetitos delgados, aros de cebolla, 2 puerros y dos zanahorias en rodajitas. Servir salsa de cacahuete (receta en pág. 105) o una salsa hecha con 1/4 l de salsa de soja, 1/4 l de vino de arroz, el zumo de dos limones, 1/2 cucharadita de sal, 1/2 cucharadita de azúcar y 1 cucharadita de perejil muy picadito.

Horca de brujas

Esta original fondue la degustamos en cierta ocasión en el restaurante de su inventor, pero nunca intentamos prepararla nosotros mismos. Esto es comprensible si se tiene en cuenta los especiales preparativos que requiere.

Este juego de sociedad culinario fue inventado por J. Bucher, maître del restaurante «Ochsen» de Suiza. El punto central de esta fondue es una horca en miniatura de hierro forjado, de la que pende una estrella de púas. La carne (en trozos tamaño fondue) se grilla previamente y se pincha en las púas de la estrella. A continuación, se riega la carne con whisky y se flamea. Los comensales toman su trozo de carne de la horca con un tenedor y lo sumergen en diversas salsas. Para acompañar, se sirven cebollitas, pepinillos, patatas fritas y todo aquello que suele servirse con las fondues de carne. Se trata, pues, de una fondue que no necesita sólo de un buen cocinero, sino también de un experto en bricolaje. Naturalmente, también se puede flamear la carne sobre un plato, prescindiendo de tan complicados artilugios.

La fondue como postre

Comencemos con una pequeña anécdota histórica. En el año 1966, fueron invitados a una rueda de prensa, que incluía un «lunch», más de cien periodistas. Como primer plato, se sirvió una fondue de queso; como segundo, una de carne, la Bourguignonne, y de postre, la sorpresa: una fondue de «Toblerone». En pequeñas marmitas individuales de cerámica, burbujeaba suavemente el chocolate fundido. Para sumergir en el chocolate, los anfitriones del acto sirvieron tacos de pan, biscotes y fruta troceada.

Muchas revistas especializadas en temas culinarios se hicieron eco del éxito del nuevo postre. En seguida, los más prestigiosos restaurantes neoyorkinos incluyeron en sus cartas, siguiendo el ejemplo del mismo «Plaza Hotel», la nueva fondue de Toblerone. Y el éxito saltó a la calle: una firma comercial agregó a la gama de sus productos alimenticios un paquete con todo lo necesario para preparar este postre, incluyendo 2 barras de Toblerone. Ni siquiera su precio, 7,95 dólares, logró intimidar a las amas de casa.

En 1967 llegó la moda a Suiza, la patria de la fondue. Con una única diferencia: se llamó simplemente fondue de chocolate (¡Sobre todo nada de publicidad gratuita!). Sin embargo, tenemos que reconocer que con la marca Toblerone, gracias a su composición especial de miel y almendras, estas fondues saben, sinceramente, mejor.

Como era de esperar, la idea de preparar una fondue como postre prosperó, surgiendo nuevas recetas que en parte recopilamos en este libro. Un ejemplo es la fondue de café, que nosotros mismos inventamos y que, gracias a los elogios de nuestros invitados, hemos decidido incluir aquí.

También describimos en este capítulo dos fondues que harán las delicias de los pequeños. Resultan muy adecuadas para celebrar cumpleaños, y, por otra parte, no requieren mucho trabajo.

Por último también damos en este capítulo algunas sugerencias para servir un postre helado diferente, así como algunas ideas originales para tomar café en alguna ocasión especial, como la celebración familiar de un cumpleaños.

Pero empecemos con la receta original que tanto éxito alcanzó:

Descubierta en 1966, en Nueva York, ▷
es la primera fondue dulce:
fondue Toblerone. Receta en página 94

Fondue de Toblerone

1/8 l de nata - 3 barras de Toblerone de 100 gr - 1 cucharada sopera de coñac o ron o 1 cucharada sopera de leche.

Modo de preparación: Calentar la nata en un recipiente. Cortar las porciones de chocolate, introducirlas en el recipiente y remover hasta que se hayan disuelto. Diluir un poco la crema con el alcohol o la leche. Verterla en la marmita y colocar bajo él una vela pequeña.

Modo de servir: Con tacos de pan blanco, pera o manzana troceada, bizcochos, cerezas, trozos de piña, mandarinas o uvas.

Nota: A nosotros nos gusta más con sólo pan blanco o Blinis (receta en pág. 120), porque así no resulta tan empalagosa.

Nuestro consejo secreto: Servir cuadrados de pan Graham o picatostes (receta en pág. 119), salpicados con dos o tres gotas de ron.

Variantes made in USA: Utilizar licor de cacao en vez de ron. O darle gusto a la fondue con 1 cucharada sopera de coñac, otra de Cointreau, otra de Pipermint y una de café en polvo. En esta variante lo que se sumerge en la marmita son Marschmalows, tacos de plátano y albaricoques secos.

Fondue de chocolate al whisky

1/4 l de nata - 1 tableta de chocolate amargo (100 gr) - 1 tableta de chocolate con leche (100 gr) - 1 cucharada sopera de café en polvo - 1 cucharada sopera de whisky escocés.

Modo de preparación: Calentar la nata y echar el chocolate troceado. Remover constantemente hasta que se haya derretido. Diluir el café en el whisky y agregarlo al chocolate fundido. Colocarlo en la mesa sobre una vela.

Modo de servir: Con pan Graham, Blinis (receta en pág. 120) o trozos de piña escurrida.

Fondue de chocolate con nueces

1/4 l de nata - 2 tabletas de chocolate con leche (con nueces trituradas) (200 gr) - 2 cucharada soperas de coñac - 1 pizca de cilantro molido.

Modo de preparación: Calentar la nata y derretir en ella el chocolate troceado. Añadir el coñac y el cilantro, removiendo constantemente.

Modo de servir: Para mojar, servimos pan Graham, trozos de bizcocho de miel y manzana troceada.

Fondue de chocolate Jamaica

1/8 l de nata - 2 tabletas de chocolate al ron (200 gr) (Tobler-au-Rum) - 2 cucharadas soperas de ron blanco.

Modo de preparación: Calentar la nata y fundir en ella el chocolate, sin dejar de remover. Añadir el ron. Colocar sobre una vela.

Modo de servir: Servir con bizcocho, higos y/o pan de copos de avena (receta en pág. 119). Las uvas pasas y las nueces del chocolate, se pueden pescar de la fondue con un tenedor.

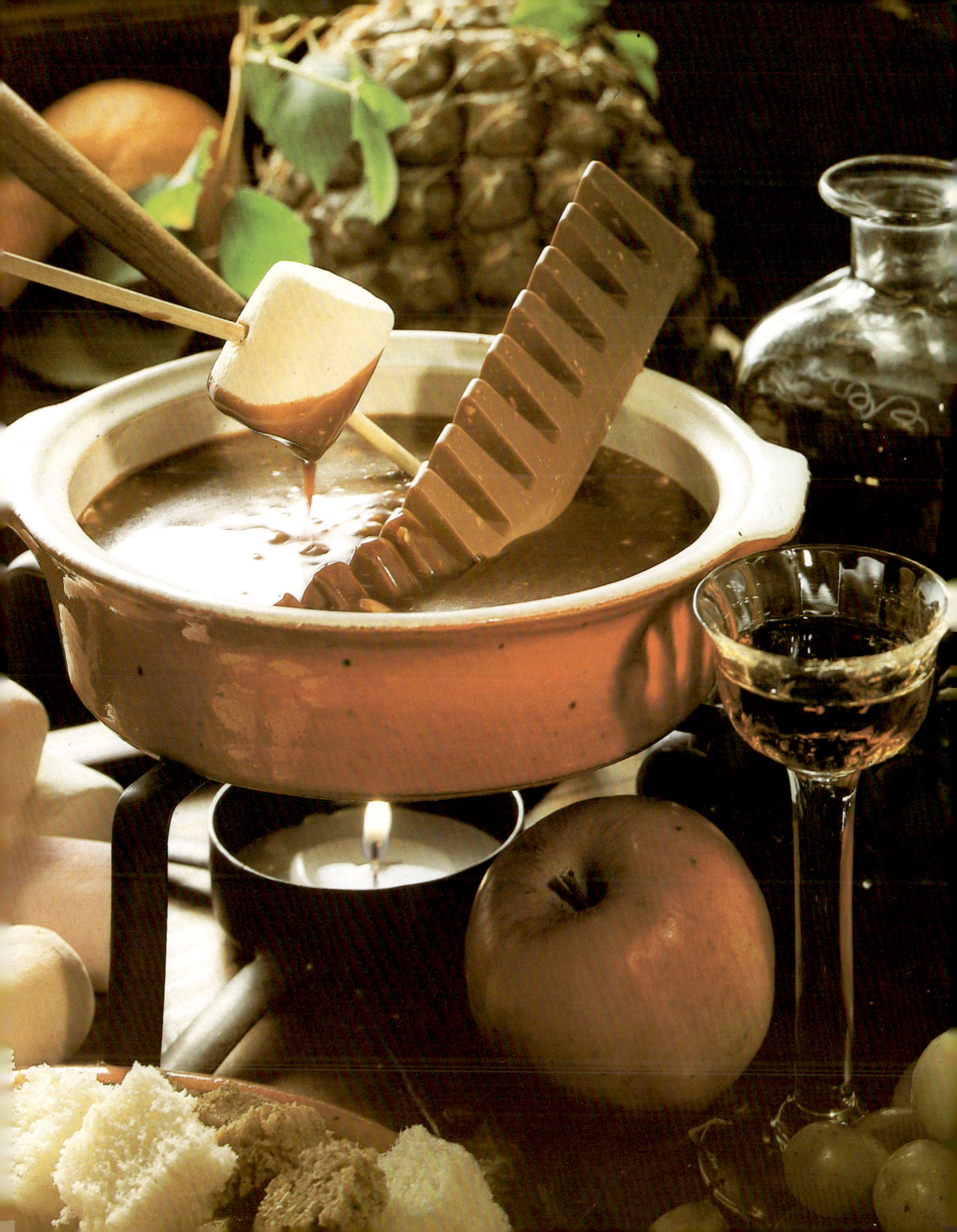

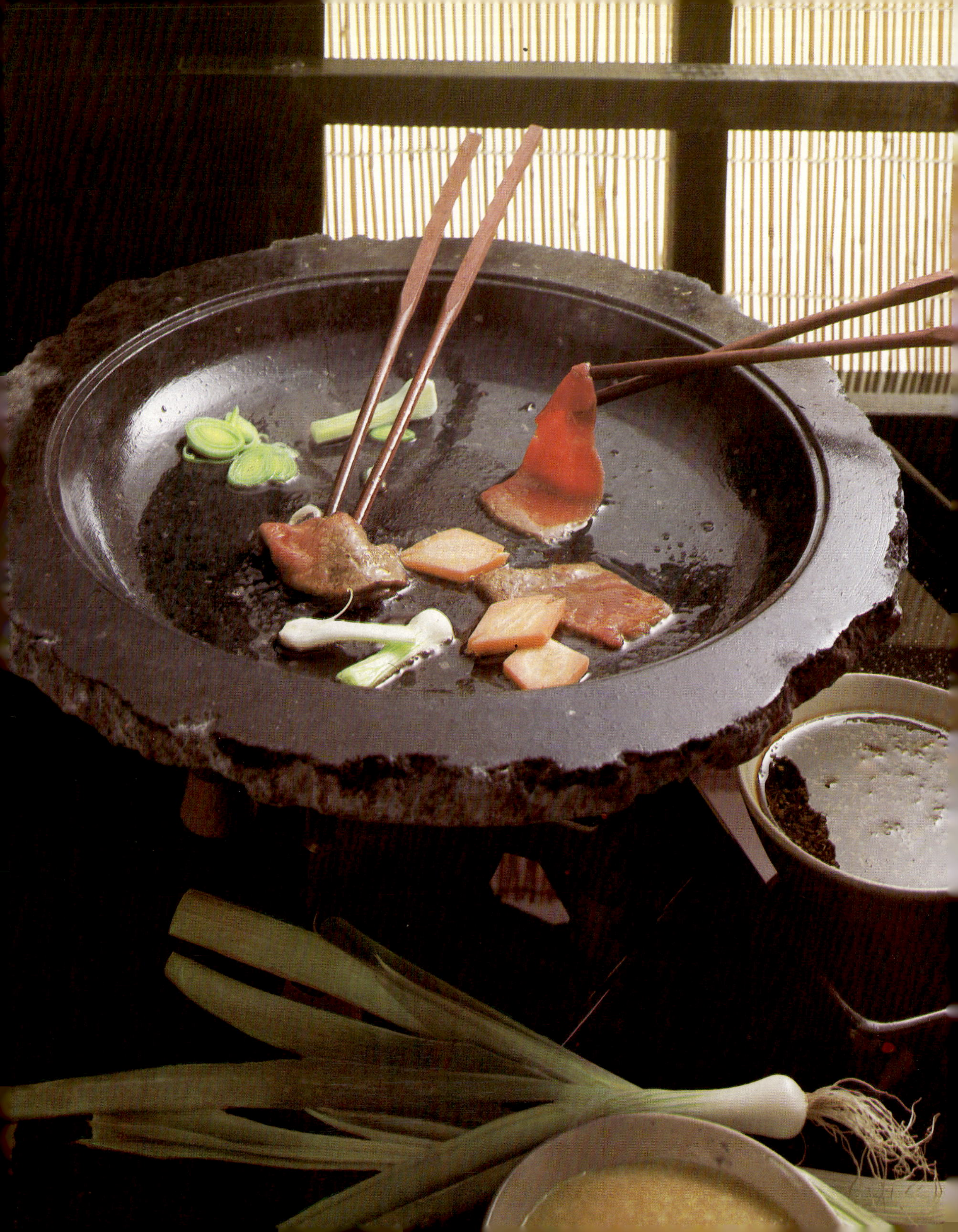

◁ Sin duda original. Freír sobre un plato de piedra japonés. Receta en página 91

Fondue de chocolate perfumada

1/4 de nata - 2 tabletas de chocolate amargo (200 gr) - 2 cucharada soperas de jalea de membrillo - 1 cucharada sopera de ron.

Modo de preparación: Calentar la nata y remover con los trozos de chocolate hasta que se hayan derretido. Añadir la jalea y remover hasta que se disuelva. Perfumar la fondue con el ron.

Modo de servir: Con ciruelas partidas por la mitad, uvas negras grandes, trozos de manzana y pan blanco.

Variantes: En vez de con jalea de membrillo y ron, con mermelada amarga de naranjas y whisky, con confitura de grosella y kirsch, con confitura de limón y coñac o con mermelada de cerezas y Cherry Brandy.

Fondue de chocolate a la menta

1/8 l de nata - 2 cucharadas soperas de Pipermint (licor) - 2 tabletas de chocolate amargo (200 gr.).

Modo de preparación: Calentar la nata y añadir el licor de menta. Rallar el chocolate y agregarlo a la marmita con la nata. Colocarlo en la mesa sobre una vela.

Modo de servir: Para los golosos que no temen a las calorías, servir con fruta escarchada. O bien, para los menos golosos, con trozos de pera almibarada o fresca. Además, servir pan blanco o bizcocho.

Nuestro consejo: Experiméntese con distintos licores hasta dar con el sabor ideal. Si la fondue es para los niños, prescindir de los licores; aunque el alcohol se evapora con el calor, algo queda siempre. Tener cuidado de que no se agarre el chocolate al fondo de la marmita ni se vuelva muy espeso. En este caso, se puede diluir con agua, nata, café o coñac.

Nota: Dado que las fondues de chocolate se sirven como postre, no se acompañan con bebidas. Pero se puede servir una taza de café o un tazón de leche. También se puede servir, si la fondue resultara demasiado empalagosa, agua mineral o una copa de coñac o ron.

Fondue para mojar

Una fondue ideal para merendar una tarde lluviosa. Si la merienda —o la fiesta de cumpleaños— es para niños conviene emplear cacao en vez de café.

1 l de café caliente cargado - 8 trozos de bizcocho - nata - cacao - azúcar - canela.

Modo de preparación: Servir el café en tazones grandes. Cada invitado recibe una taza, una cucharilla y un tenedor de fondues. Cortar el bizcocho en trozos apropiados para comerlos de un bocado. El café se adereza según gusto con nata, cacao, azúcar y/o canela. Los trozos de bizcocho se sumergen en el café con ayuda de los tenedores y una vez empapados, se comen. De vez en cuando se bebe un poco de café.

Variante: En vez de café, se puede utilizar cacao.

Fondue Mokka

Otra variante más para que sus invitados pasen un buen rato.

2 tabletas de chocolate semiamargo (200 gr) - 1/8 l de café caliente fuerte - 3 cucharadas soperas de nata - 3 cucharadas soperas de coñac - 1 pizca de canela molida.

La fondue como postre

Modo de preparación: Cortar el chocolate en trozos pequeños y derretirlos en el café caliente hasta formar una masa cremosa. Añadir la nata, el coñac y la canela y remover. Utilizar para ello una cuchara de palo.

Modo de servir: Para mojar, servir bizcocho, picatostes dulces o melocotón troceado.

Fondue de marshmallows

Otra fondue ideal para fiestas infantiles. ¡Es muy posible que tenga que preparar otra ronda!

150 gr de marshmallows - 2 cucharadas de zumo de limón - algunas cucharadas de agua - 1/8 l de nata.

Modo de preparación: Derretir los marshmallows con el zumo de limón y el agua a fuego lento. Añadir la nata y remover hasta formar una crema homogénea.

Modo de servir: Con trozos de piña, rodajas de albaricoque y trozos de bizcochos.

Nota: Los marshmallows son unos caramelos blandos hechos con sirope de maíz, azúcar, glucosa y gelatina. Se venden de distintos colores: verde = lima, rosa = fresa, naranja = naranja y amarillo = limón.

Fondue de crema de cacao con avellanas

1 frasco de crema de cacao con avellanas (Nocilla) (400 gr) - 1 lata grande de peras o melocotones en almíbar - 1 paquete de picatostes dulces (150 gr.).

Modo de preparación: Derretir la crema de cacao en la marmita a fuego lento. La masa cremosa no debe cocer, sólo calentarse y mantenerse caliente.

Cortar la fruta en cuadrados y sumergirlos en la crema. Los picatostes se sumergen en la crema ensartados en un pincho de fondue.

Nota: Se trata de una fondue de preparación rápida que gusta especialmente (como la anterior) a los pequeños.

Fondue de ron con azúcar

Para los crêpes dejamos a libre elección la receta favorita.

100 gr de azúcar morena - 50 gr de mantequilla - 2 yemas de huevos - 5 cl de ron de Jamaica oscuro - 8 crêpes pequeñas o blinis (receta en pág. 120).

Modo de preparación: Derretir el azúcar con la mantequilla en la marmita removiendo constantemente. Apagar el gas y añadir las yemas batidas y el ron. Remover a fuego muy lento (vela) hasta formar una masa cremosa homogénea. Enrollar las crêpes y cortarlas en tiras. Sumergirlas en la crema pinchándolas en pinchos para fondues.

Fondue de caramelo

250 gr de toffes de nata o bombones de caramelo - 8 cucharadas soperas de agua o nata - 1 cucharada sopera de ron.

Modo de preparación: Derretir los toffes o bombones en el agua o la nata a fuego lento. Añadir el ron. Mantener la crema caliente.

Modo de servir: Para sumergir, servir trozos de manzana, nueces y trozos de plátano.

Nota: Es más fácil derretir los toffes que los bombones.

Si algo sale mal en vez de una salsa para fondue habrá obtenido caramelo de bombón.

La fondue como postre

Fondue de frutas - dulce

El zumo de 6 limones - el zumo de 6 naranjas - 4 cucharadas soperas de azúcar glas o miel.

Modo de preparación: Mezclar los zumos y aderezarlos con el azúcar glas o la miel; dejar cocer a fuego lento en la marmita durante 5 minutos.

Modo de servir: Con gajos de naranja, trozos de albaricoque, piña, cerezas deshuesadas, dátiles deshuesados, higos, rodajas de kiwis y, en general, cualquier tipo de fruta. Lo ideal sería ofrecer la más variedad posible.

Consejo práctico: Servir la fruta a temperatura ambiente.

Fondue de frutas - seca

1/4 l de caldo de gallina - 1/4 l de vino Marsala - 1 cucharada sopera rasa de curry - 1 cucharada sopera rasa de arrowroot (arruruz) - 1 cucharada sopera de agua fría.

Modo de preparación: Mezclar el caldo, el vino y el curry y cocer durante 10 minutos a fuego lento. Verter en la marmita. Diluir el arrowrrot (se trata de una harina para espesar que, una vez diluida en el líquido, es invisible, al contrario de la harina normal o la fécula; se puede encontrar en tiendas especializadas) en la cucharada de agua, añadirlo a la marmita, remover y darle un hervor.

Modo de servir: Servir con frutas, como en la receta anterior, más tacos de aguacates. Meter en el congelador todas las frutas ya troceadas; descongelarlas durante 10 minutos antes de servirlas a la mesa. El líquido, según el gusto de cada uno, se puede servir caliente o solamente templado.

Fondue de manzana

750 gr de manzanas muy ácidas - 1 barrita de canela - 1 espiral de piel de limón - 1/2 l de agua - 1 cucharada sopera de mantequilla - 1 cucharada sopera rasa de harina - 1/2 l de vino - 3 ó 4 cucharadas soperas de azúcar.

Modo de preparación: Pelar las manzanas, cortarlas en cuatro trozos y cocerlas en agua junto con la canela y la espiral de piel de limón. Escurrirlas y pasarlas por la batidora eléctrica hasta formar un puré de manzana. Calentar la mantequilla y freír en ella ligeramente la harina. Añadir con cuidado el vino y el azúcar. Sin llevarlo a cocción, remover hasta que se haya disuelto el azúcar. Agregar el puré de manzana y volver a calentar. Si resultara demasiado fluido, añadir 1 cucharadita de fécula diluida en agua. Colocar la marmita sobre el hornillo con la llama regulada al mínimo.

Modo de servir: Para mojar, servir picatostes (receta en pág. 119), pan negro de Westfalia y nueces.

Nota: Para simplificar la preparación de la masa de manzana, se puede utilizar sidra y espesarla con harina.

Fondue helada Tutti-Frutti

A continuación, unas cuantas recetas para fondues de helado. Una única diferencia: se pueden servir con salsas calientes o frías. Esto sólo depende del tiempo de que se disponga para su preparación, y también, por supuesto, de los gustos.

Salsa de guindas

75 gr de azúcar - 4 cucharadas soperas de almendras - 1 frasco grande de guindas deshuesadas (700 gr) - 2-3 cucharaditas de fécula - 2 cucharadas soperas de ron o coñac.

La fondue como postre

Además, por persona: 2 mitades de pera en almíbar - 2 mitades de melocotón en almíbar - cubitos de hielo - 1/2 paquete de helado de vainilla.

Modo de preparación: Caramelizar el azúcar en una sartén removiendo constantemente. Antes de que se oscurezca el azúcar del todo, añadir las almendras y dorarlas. Escurrir las guindas y pasar la mitad por la batidora eléctrica hasta formar un puré. Calentar el puré, las guindas y el jugo en que se conservaban, apartando previamente 4 cucharadas soperas del jugo. Diluir en él la fécula y añadirla a la marmita. Añadir asimismo las almendras caramelizadas y colocar sobre el hornillo. Agregar el ron o el coñac.

Cortar la fruta almibarada en trozos y servir en porciones. Poner en platos soperos los cubitos de hielo previamente picados. Cortar en cubos el helado de vainilla y disponerlos en tazas, previamente enfriadas, sobre los platos soperos con el hielo. Servir en seguida.

Salsa de caramelo

200 gr de toffes de nata - 7 cucharadas soperas de agua - 30 gr de nueces - 2 cucharadas soperas de ron.

Modo de preparación: Disolver los toffes de nata en el agua hirviendo y remover constantemente. Este proceso dura unos 10 minutos. Picar finamente las nueces. Al colocar la marmita sobre el hornillo, añadir las nueces y el alcohol. Disponer las frutas y el helado de la receta anterior.

Nota: Estas dos fondues tiene un inconveniente: se necesita bastante hielo. Mientras se hacen las tandas siguientes, los primeros cubitos se sacan de sus moldes y se guardan en el congelador en bolsas de plástico.

Fondue helada

Una fondue rápida que no necesita cocción; únicamente disponer las tazas con las salsas ya preparadas. Tampoco es necesario disponer de hornillo.

1/2 botella de salsa de fresas - 1/2 botella de salsa de frambuesas - 1/2 botella de salsa de cerezas - 1/2 botella de salsa de arándanos - 1/2 botella de salsa de chocolate.

Además, por persona: 250 gr de fruta fresca de la estación (fresas, frambuesas, albaricoques, melotocones) - 1/2 paquete de helado de vainilla.

Modo de preparación: Disponer las salsas elegidas en tazas. Lavar la fruta, secarla y, en las que sea necesario, pelarlas, cortarlas en trozos y colocarlas decorativamente sobre la mesa. Preparar el helado de vainilla como se describió en la receta de salsa y guindas y mojar las porciones de helado en las distintas salsas.

Fondue de café

Para estas fondues se necesita un servicio especial introducido hace ya algunos años en Europa. Se trata de cafeteras pequeñas de cobre que se colocan sobre unos miniinfernillos. A cada invitado le corresponde una de estas cafeteras con su correspondiente hornillo. En ellas se vierte agua y se enciende la llama. A continuación, cada comensal pone la cantidad de Nescafé Oro que desee en su taza y la llena con el agua caliente de su cafetera. Y ahora se sigue la receta que más guste. De todas las que existen, sólo hemos recogido cuatro, pues tampoco se puede decir que sea una fondue en el más estricto sentido de la palabra. En las cafeteras también se puede calentar leche o coñac para flamear.

Lo original de esta forma de tomar café es que cada cual elige, según su propio gusto, la manera de prepararlo. Naturalmente, se puede calentar el agua en una única cafetera grande, que se coloca en el centro de la mesa sobre un hornillo.

Consejo útil: En caso de no contar con un servicio como hemos descrito, también se puede hacer una fondue de café en una cafetera turca. Lo malo es que el efecto no resulta tan romántico y atractivo como con el servicio auténtico. He aquí las recetas:

La fondue como postre

Café con miel a la turca

Por persona: 1 cucharadita de miel - 1 cucharadita colmada de café en polvo.

Modo de preparación: Llenar la cafetera con agua hasta la cuarta parte y calentarla sobre el hornillo. Diluir la miel en el agua caliente. Poner el café en polvo en la taza y añadir el agua caliente con sabor a miel. La miel aporta a este café un aromático sabor inconfundible.

Café Brûlot

Por persona: 1 cucharadita colmada de café en polvo - 2 terrones de azúcar - 1 copita de coñac (3 cl) - 1 cucharada sopera de nata montada.

Modo de preparación: Llenar la cafetera con agua hasta la mitad y calentarla. Poner el café en la taza y llenarla con el agua caliente de la cafetera. Volver a colocar la cafetera vacía sobre el hornillo. Echar en ella los terrones de azúcar y el coñac, y calentar. Remover el azúcar hasta que se disuelva y acercar la llama al coñac caliente. Verter en la taza con el coñac todavía flameando. Coronar con una cucharada de nata.

Westindia Coffee

Por persona: 1 cucharadita de café en polvo bien colmada - 2 cucharaditas rasas de azúcar - 1 pizca de clavo molido - 1 rodajita de naranja - 1 copita de ron blanco (2 cl) - 1 barrita de canela - 1 cucharada de nata montada.

Modo de preparación: Llenar la cafetera con agua hasta la mitad y calentarla sobre el hornillo. Poner en la taza el café instantáneo, el azúcar, el clavo molido, la rodajita de naranja y el ron. Verter el agua caliente en la taza y remover con la barrita de canela. Agregar la nata y, por último, echar en ella la barrita de canela.

Café de chocolate
(para cuatro personas)

Leche - 4 cucharaditas colmadas de café en polvo - 4 cucharaditas colmadas de cacao en polvo instantáneo - 4 pizcas de sal - 4 cucharadas soperas de nata montada - un poco de chocolate o cacao rallado.

Modo de preparación: Llenar 2 cafeteras con agua y otras 2 con leche y calentar. Agregar a cada cafetera el café y el cacao instantáneo. Aderezar con 1 pizca de sal. Verter en cada taza mitad cacao y mitad café. Remover bien. Coronar cada taza con un «coup» de nata montada y espolvorearla con el chocolate rallado.

Y con esto terminamos el capítulo dedicado a las fondues de postre. Los amantes de las fondues pueden servir una de café tras una de helado. Ya sólo falta la copa y... el puro.

Salsas y mojes, de la A a la Z

Hemos definido al principio de este libro a la fondue como una comida que se come en comunidad y en la que se moja o sumerge algo en un líquido. En las fondues de queso, se moja pan en el queso fundido; pero en las de carne y pescado se necesitan salsas para mojar. Lo ideal sería ofrecer una amplia gama, ya que la posibilidad de elección y la variedad forman parte del ritual de las fondues.

Aparte de las salsas, están los mojes. Originariamente, los mojes se elaboraban a base de requesón y otros quesos pastosos. Pero con el tiempo, tal y como ha sucedido con el término fondue, el sentido de la palabra se ha ido ampliando. Así, entendemos por moje toda aquella salsa espesa en la que se moja o sumerge algo.

Las recetas de mojes («dis» en su país de origen, los Estados Unidos) son innumerables, y las amas de casa las guardan como auténticos secretos. Recuérdese que en muchas ocasiones el éxito de una fondue depende de ellos y de las salsas.

Por lo tanto, para que las reuniones de nuestros lectores resulten un éxito completo, también incluimos en este libro un capítulo dedicado a salsas y mojes. En él se encuentran recetas clásicas y modernas, sencillas y complicadas. Sólo es necesario elegir lo que más nos agrade.

Si no disponemos de tiempo para elaborar nosotros mismos las salsas, la industria ofrece una increíble variedad de preparados. Al final de este capítulo (pág. 116), incluimos una relación de salsas y mojes que hemos probado y que merecen nuestra aprobación. Solamente de la salsa preparada más conocida, el ketchup de tomate, hemos encontrado docenas de variedades y sabores distintos. Y realmente tal vez no valga la pena gastar demasiado tiempo en una salsa que tan fácilmente se encuentran en el mercado. Además, la calidad no desmerece nada estos productos.

Las salsas preparadas se sirven en sus botellas o frascos de origen. Traspasarlas a tazas y ofrecerlas como propias es un engaño culinario que no tiene mucho sentido. Lo que sí se puede hacer es añadir ciertos ingredientes o tomarlas como base para preparar mojes, como hacemos nosotros mismos en

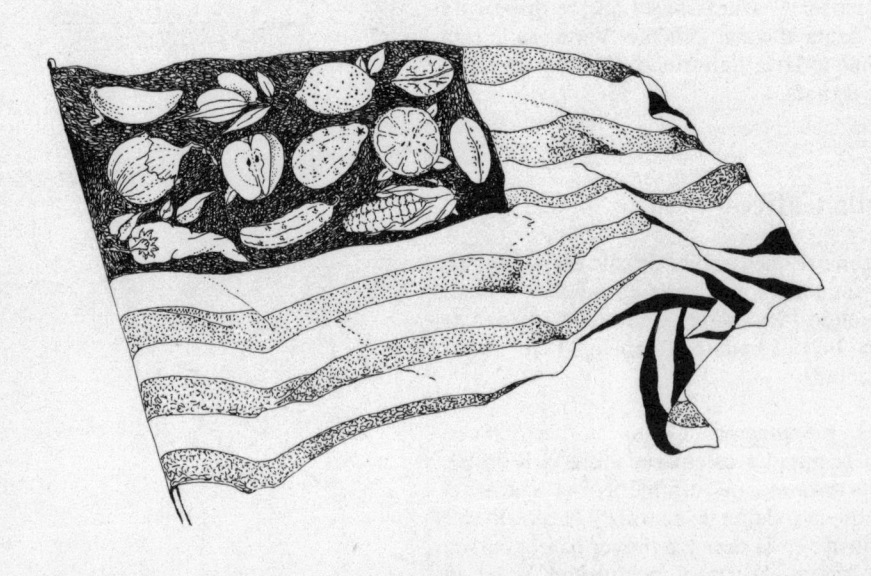

Salsas y mojes, de la A a la Z

algunas de las siguientes recetas. Puesto que de todas formas hay que servirlas, en este caso, en tazas, podemos hacer nuestros los elogios.

Empecemos con una receta clásica y muy española:

Alioli

4 dientes de ajo - 1/2 cucharadita de sal - 1 yema de huevo - 1/4 l de aceite de oliva - zumo de limón.

Modo de preparación: Se puede hacer con el mortero o, para mayor rapidez, con la batidora eléctrica. Triturar el ajo con la sal y añadir la yema de huevo removiendo constantemente. Gota a gota, agregar el aceite sin dejar de remover. Una vez convertida la mezcla en mayonesa, se salpica el alioli con el zumo de limón.

Indicada para: Fondue de pescado, de alcachofas y de espárragos.

Variante: Agregar a una salsa mayonesa tres dientes de ajo picados. Aderezar con tres gotas de Tabasco.

Mantequilla al café

100 gr de mantequilla - 50 gr de requesón - 2 cucharadas soperas de mostaza fuerte - 1 cucharadita rasa de café en polvo.

Modo de preparación: Mezclar, removiendo bien, la mantequilla y el requesón. Añadir el café, mezclado previamente con la mostaza. Formar con la masa un rollo y meterlo en el frigorífico. Cortar en rodajas y servir no demasiado endurecida la mantequilla.

Indicada para: Fondues de pescado y de carne.

Moje de aguacate 1

1 aguacate grande - 3 cucharadas soperas de yogur desnatado - 1 cucharada sopera de mayonesa - 2 cucharadas soperas de ketchup de tomate - 1/2 cucharadita de rábano rallado - 1 cucharadita de zumo de limón - 1 cucharadita de mostaza - 1 cucharada sopera de alcaparras picadas - 1 cucharada sopera de perejil picado - 1 cucharada sopera de eneldo picado.

Modo de preparación: Sacar el aguacate de su cáscara con una cuchara, mezclarlo con el yogur, la mayonesa, el ketchup, el rábano, el zumo de limón y la mostaza, y batirlo todo con la batidora eléctrica o manualmente. Añadir las alcaparras y el perejil.

Indicado para: Fondues de pescado o de marisco.

Moje de aguacate 2

1 aguacate grande y maduro - 2 cucharaditas de zumo de limón o de lima - 1 cucharadita rasa de chile en polvo - 1 diente de ajo - 2 cucharadas soperas de mayonesa - sal.

Modo de preparación: Sacar el aguacate de su cáscara o pelarlo. Machacar la carne con un tenedor y, al mismo tiempo, añadir el zumo de limón poco a poco. Añadir el chile en polvo, el diente de ajo triturado y la mayonesa. Remover todo bien y condimentar con sal.

Indicado para: Fondues de carne.

Moje de ajo y queso

2-3 dientes de ajo - 200 gr de mayonesa - 1 cucharada sopera rasa de queso Parmesano rallado.

Salsas y mojes, de la A a la Z

Modo de preparación: Machacar los dientes de ajo en el mortero. Mezclarlos con la mayonesa y el queso rallado.

Indicado para: Fondues de carne o de espárragos.

Nuestro consejo: Se puede utilizar todo el ajo que se quiera. También, ajo en polvo o jugo de ajo.

Moje estilo Calcuta

1/8 l de nata - 2 porciones de queso de nata fresco (Gervais o Philadelphia) - 3 cucharadas soperas de salsa Chutney - 1 cucharadita rasa de curry en polvo - 100 gr de nueces de anacardo.

Modo de preparación: Batir la nata hasta montarla. Machacar el queso con un tenedor y mezclarlo con el curry y la salsa Chutney. Agregar la nata, así como las nueces de anacardo previamente picadas.

Indicado para: Fondues de verduras.

Dos mojes caseros

Para el primero: 1 lata de robellones - el mismo peso de huevos cocidos duros - vinagre - aceite - perejil - sal - pimienta de Java molida - aceitunas negras.

Para el segundo: 1 frasco de mayonesa - 1-2 cucharadas soperas de salsa de soja - 4 pepinillos muy picaditos.

Modo de preparación: Para el primero, escurrir las setas y cortarlas en trocitos pequeños. Trocear los huevos y mezclarlos con las setas. Hacer un escabeche con aceite, vinagre, un poco de jugo de robellón de la lata y el perejil picado. Condimentarlo con sal y pimienta y derramarlo sobre la mezcla de setas y huevos. Dejar reposar durante una hora. Decorar con las aceitunas negras.

Para el segundo, mezclar bien los ingredientes y servir inmediatamente. Los pepinillos deben estar especialmente bien picados.

Indicados para: Fondues de carne y para la carne de buey.

Moje de cebolla

1/4 l de nata agria - cebolla picada y tostada - si acaso, algo de zumo de limón - 1 cebolla grande dulce.

Modo de preparación: Mezclar, removiendo bien, la nata agria con la cebolla picada y tostada. Si la nata no fuera lo suficientemente espesa, añadir algo de zumo de limón. Cortar la cebolla fresca en rodajas muy finas y añadirlas a la salsa.

Indicado para: Fondue Bourguignonne y, en general, para cualquier tipo de fondues de carne.

Moje español

4 aceitunas - 1 filete de anchoa - 2 cucharadas soperas de pimientos en conserva picados - 4 cucharadas soperas de mayonesa - 1 cucharadita de cebolla rallada.

Modo de preparación: Picar finamente las aceitunas y el filete de anchoa. Mezclarlo con la mayonesa. Aderezar con la cebolla rallada.

Indicado para: Fondues de carne (aceite o grasa).

Moje de lima

150 gr de perejil liso - el zumo de dos limas - la piel raspada de una lima - 2 cucharadas soperas de crème fraîche.

Salsas y mojes, de la A a la Z

Modo de preparación: Arrancar los tallos más gruesos del perejil y hacer un puré con el zumo de lima y la piel, pasándolo todo por la batidora eléctrica. Añadir la crème fraîche y dejar reposar al fresco o en el frigorífico unos 30 minutos.

Indicado para: Cualquier tipo de fondue de carne.

Nota: La lima pertenece a la familia de los limones, pero su piel, cuando está madura, es de color verde. No tiene pepitas, proporciona el doble de zumo que el limón y su sabor es amargo y picante.

Moje de limón

Ingredientes para 4-6 personas:

1/2 botella de salsa de chile - el zumo de 2 limones - la piel raspada de 1 limón.

Modo de preparación: Mezclar bien los tres ingredientes y dejar reposar durante media hora en el frigorífico.

Indicado para: Fondues de carne y para la carne a la parrilla.

Moje de manzanas y pasas

1 cucharada sopera de pasas - 3 cucharadas soperas de vino tinto - 1 manzana - 1 cucharadita de zumo de limón - 1/2 cucharadita de Tabasco - 1 cucharada sopera de salsa Worcester - 1 cucharada sopera de nueces picadas.

Modo de preparación: Reblandecer las pasas en el vino. Pelar la manzana y trocearla en taquitos. Mezclar las pasas con la manzana, el Tabasco, el zumo de limón y la salsa Worcester y pasarlo todo por la batidora eléctrica. Agregar las nueces picadas una vez listo el puré.

Indicada para: Fondue de carne.

Moje de miel

250 gr de pasas sin semillas - 1/8 l de agua - 2 cucharadas soperas de miel - 2 cucharadas soperas de ketchup de tomate picante - 1 cucharada sopera de salsa de soja - sal - 4 gotas de Tabasco - unas gotas de salsa Worcester.

Modo de preparación: Pasar las pasas, junto con el agua, por la batidora eléctrica. Añadir la miel, así como los demás ingredientes. Estos ingredientes pueden sustituirse por otros; lo importante es la mezcla de las pasas y de la miel.

Indicada para: Fondue Bourguignonne y carne a la parrilla.

Moje de queso y nueces

100 gr de queso Roquefort o similar - 50 gr de queso de nata - leche - 1 cucharada sopera de nueces picadas.

Modo de preparación: Machacar el Roquefort con un tenedor, añadirle el queso de nata y mezclar bien ambos. Añadir la leche hasta formar una masa cremosa. Agregar las nueces picadas.

Indicado para: Fondues de verduras y la de merluza rebozada.

Moje de rábanos picantes con arándanos

1 frasco de arándanos silvestres (220 gr) - 2 cucharadas soperas de zumo de limón - 2 cucharadas soperas de rábano picante recién rallado.

Modo de preparación: Mezclar bien todos los ingredientes, pero sin utilizar la batidora eléctrica, es decir, con un cucharón y a mano.

Indicado para: Fondues de carne, caza y despojos.

Salsas y mojes, de la A a la Z

Moje de rábanos picantes

150 gr de nata agria espesa - 3 cucharadas soperas de rábanos picantes frescos y rallados o 3 cucharaditas si son desecados (Spice Islands) - sal - 2 gotas de Tabasco - 2 cucharadas soperas de zumo de limón.

Modo de preparación: Mezclar bien los ingredientes entre sí.

Indicado para: Fondues de patatas Campesina.

Variante: En vez de la nata agria, se puede utilizar requesón desnatado y un poco de yogur. No olvidar añadir una pizca de azúcar.

Moje de requesón

8 cucharadas soperas de requesón - 2 patatas recién cocidas - 1-2 cucharadas de yogur - sal - pimienta - 1/2 cucharadita de pimentón - 1 cucharada sopera de cebollino picado.

Modo de preparación: Reducir las patatas, con la ayuda de un tenedor, a puré y mezclarlo con el requesón y el yogur. Remover hasta que la masa quede cremosa y condimentar con el resto de los ingredientes.

Indicado para: Fondues de carne de todo tipo.

Moje tropical

250 gr de mayonesa - 5 cucharadas soperas de ketchup de tomate - 2 cucharadas soperas de salsa de chile fuerte - 1 cucharadita de rábanos picantes desecados (Spice Islands) - el zumo de 1/2 limón - 1 cucharadita rasa de azúcar.

Modo de preparación: Mezclar bien los ingredientes y condimentar con cuidado. Debe quedar picante, pero no tanto como para eclipsar el sabor de la fondue.

Indicado para: Fondues de carne y aceite, con fondues de albóndigas de carne, albondiguillas del Caribe y con la fondue de mostaza.

Mustard-relish

2 huevos cocidos duros - 2 pepinillos en vinagre con mostaza - 3 pepinillos en conserva - 2 pimientos en vinagre - 1 cucharadita de alcaparras - 2-3 cebollitas en vinagre - 1 botella de Piccalilli - pimienta molida.

Modo de preparación: Picar los huevos. Trocear en cuadraditos pequeños los pepinillos, los pimientos, las cebollitas y las alcaparras. Añadir todo a la salsa Piccalilli. Condimentar con pimienta.

Indicada para: Cualquier fondue de carne, sobre todo con la Bourguignonne.

Peparata

50 gr de mantequilla o mitad mantequilla y mitad médula de hueso de vaca - 50 gr de pan rallado - 25 gr de queso Parmesano rallado - caldo de carne - sal - pimienta negra recién molida.

Modo de preparación: Derretir la mantequilla en una cacerola lentamente. Añadir el pan rallado y el queso también rallado. Si la masa resulta demasiado espesa (que es lo más probable), añadir poco a poco el caldo de carne. Condimentar con la sal y la pimienta. La salsa debe salir picante y con fuerte sabor a pimienta. Servir en frío.

Indicada para: Fondues de carne y de mostaza.

Nota: Esta receta también está calculada para cuatro personas. Lo que ocurre es que se toma en pocas cantidades.

Salsa de albaricoque

1/2 lata de albaricoques sin azúcar - 5 cucharadas soperas de Mango Chutney - 2 cucharadas soperas de vinagre de manzana - 1 cucharadita de piel de limón rallada - 1 cucharadita rasa de azúcar.

Salsas y mojes, de la A a la Z

Modo de preparación: Machacar los albaricoques y picar el chutney muy finamente. Añadir los demás ingredientes y calentar, removiendo, hasta que la masa empiece a burbujear.

Indicada para: Cualquier tipo de carne, tanto en caliente como en frío.

Salsa de anchoas 1

4 cucharadas soperas de mayonesa - 4 cucharadas soperas de nata - 8 filetes de anchoas o 1 cucharada sopera de pasta de anchoas - 2 cucharadas soperas de cebollino picado - 1 cucharadita de Tabasco - 2 cucharaditas de coñac.

Modo de preparación: Mezclar bien la mayonesa con la nata. Cortar las anchoas en trocitos pequeños y hacer con ellos una pasta (con el tenedor, por ejemplo). Agregar el cebollino, el Tabasco y el coñac. Remover bien.

Indicada para: Fondue de carne Bourguignonne.

Salsa de anchoas 2

2 tubos pequeños de pasta de anchoas - el zumo de 1 limón - 1/8 l de nata - 1 pizca de azúcar.

Modo de preparación: Mezclar bien todos los ingredientes. Servir en cuatro mitades de limón vaciadas.

Indicada para: Fondue Maritime.

Salsa de avellanas

30 gr de mantequilla - 30 gr de harina - 1/4 l de caldo de carne o agua de espárragos - zumo de limón - sal - 1 yema de huevo - 1/8 l de nata - 100 gr de avellanas.

Modo de preparación: Hacer una salsa con la mantequilla, la harina y el caldo. Condimentarla con zumo de limón y sal. Añadir la yema de huevo y la nata. Tostar las avellanas en una sartén, pasarlas por un molinillo y agregarlas a la salsa. Remover todo bien.

Indicada para: Fondues de pescado, de espárragos y con chuletas a la parrilla.

Salsa bretona

1 tomate pequeño - algunas hojas frescas de estragón o bien 1/4 de cucharadita de estragón desecado y picado - 2 cucharadas soperas de puré de tomate - 4 gotas de Tabasco - 100 gr de mayonesa.

Modo de preparación: Escaldar el tomate, pelarlo y triturarlo. Mezclarlo con el estragón, el puré de tomate, el Tabasco y la mayonesa.

Indicada para: Fondues de alcachofas y de espárragos.

Salsa de cacahuete

2 cucharadas soperas de cebolla rallada - 2 cucharadas soperas de aceite de oliva - 0,2 l de leche - 2 cucharadas soperas de coco rallado - 2 cucharadas soperas rasas de azúcar morena - 1 cucharada sopera de zumo de limón o lima - 2 cucharadas soperas de mantequilla de cacahuete.

Modo de preparación: Dorar la cebolla en el aceite. Ablandar las raspaduras de coco en la leche. Añadir el azúcar, el zumo de limón o lima y la mantequilla. Remover bien. Agregar poco a poco el coco y la leche. Remover y dar un hervor.

Indicada para: Fondue a la parrilla.

Salsa caliente del infierno

2 cebollas - 1 cucharadita de pimienta molida - 1/10 l de vinagre de vino - 1/10 l de vino blanco, preferiblemente seco - 1/4 l de salsa para asado.

Salsas y mojes, de la A a la Z

Modo de preparación: Picar las cebollas. Cocerlas con la pimienta y el vinagre hasta que quede 1/3 de su volumen original. Añadir el vino y cocer hasta que quede 1/2 de su volumen original. Preparar la salsa para asado, según las instrucciones del envoltorio, y añadirlo a la salsa de cebollas pasada previamente por el colador.

Indicada para: Fondue de alcachofas y de cordero.

Salsa Cornichon

1 huevo cocido duro - 1/2 cucharada sopera de perejil picado - 1/2 cucharada sopera de cebollino picado - 1/4 cucharada sopera de perifollo picado - 1/4 cucharada sopera de estragón picado - 3 pepinillos - 1 cucharadita de alcaparras - 100 gr de mayonesa.

Modo de preparación: Separar la yema y la clara del huevo duro. La clara picarla finamente y la yema triturarla con el tenedor. Mezclar con las hierbas, los pepinillos picados y la mayonesa.

Indicada para: Fondues de pescado, de alcachofa y espárragos.

Salsa de curry 1

250 gr de requesón o queso tipo Jocca (cremoso) - 2 cucharaditas rasas de curry en polvo - 1 cucharada sopera de manzana rallada o compota de manzana - algo de sal - si acaso 1 pizca de azafrán.

Modo de preparación: Mezclar bien los ingredientes. Una pizca de azafrán hace que la salsa gane en presencia sin perder su sabor. Esta salsa es pobre en calorías.

Indicada para: Fondues de carne y de pescado.

Salsa de curry 2

100 gr de mayonesa - 3 cucharadas soperas de leche evaporada - 1 manzana de aprox. 100 gr - 1/2 cebolla pequeña - 1-2 cucharaditas rasas de curry en polvo - zumo de limón - sal - 1 pizca de azúcar.

Modo de preparación: Mezclar la mayonesa con la leche evaporada. Pelar la manzana, rallarla sobre la mayonesa y remover inmediatamente. Picar finamente la cebolla y añadirla, junto con el curry, a la masa. Remover. Aderezar con el zumo de limón, la sal y el azúcar.

Indicada para: Fondue Bourguignonne.

Salsa Chantilly

2 cucharadas soperas de nata montada - 6 cucharadas soperas de mayonesa - 1 cucharadita de zumo de limón - un poco de pimienta blanca.

Modo de preparación: Mezclar con cuidado la mayonesa con la nata montada. Aderezar con el zumo de limón y la pimienta.

Indicada para: Fondues de carne, de pescado, de alcachofas y de espárragos.

Nuestro consejo: Preparar esta salsa justo antes de servirla.

Salsa china especial

4 cucharadas soperas de mayonesa - 1 cucharada sopera de salsa de soja china - 1 huevo cocido duro - 1 trozo de jengibre - 4 cucharadas soperas de clara de huevo batida a punto de nieve.

Modo de preparación: Mezclar, removiendo bien, la mayonesa y la salsa de soja. Picar el huevo

Salsas y mojes, de la A a la Z

duro y el jengibre. Mezclar ambos ingredientes con la mayonesa. Añadir la clara a punto de nieve justo antes de servir la salsa. Esto la rebaja un poco.

Indicada para: Fondue Chinoise y todos los potes orientales.

Salsa de estragón

4 yemas de huevo - 125 gr de mantequilla - sal - pimienta blanca - 5 cucharadas soperas de vino blanco (Mosela seco) - 1 cucharadita de estragón picado - 1 cucharadita de zumo de limón - 1/2 cucharadita de azúcar.

Modo de preparación: Batir las yemas hasta que se forme espuma y añadir la mantequilla derretida lentamente. Condimentar con la sal y la pimienta. Colocar al baño maría (el agua ya está caliente) y seguir batiendo. Añadir poco a poco el vino, el estragón, el zumo de limón y el azúcar. La salsa debe quedar bastante espesa y se sirve caliente.

Indicada para: Fondues de pescado, de espárragos y de alcachofas.

Salsa fría del infierno

4 cucharada soperas de ketchup de tomate - 3 cucharadas soperas de aceite - 100 gr de pimientos en conserva (aprox. 2 piezas) - 1 cucharada sopera de zumo de limón - Azúcar - sal - 1 cucharada sopera de cebollino picado - 1 cucharada sopera de perejil picado - unas gotas de salsa Worcester - unas gotas de Tabasco - 1 cebolla.

Modo de preparación: Mezclar bien el ketchup con el aceite. Picar la cebolla, trocear finamente los pimientos y agregarlos a la salsa. Condimentar con el zumo de limón, la sal y la pimienta. Añadir las hierbas. Dar un toque picante con las salsa Worcester y Tabasco.

Indicada para: Fondues de carne (aceite o grasa).

Salsa de fuego

250 gr de requesón desnatado - 3 cucharadas soperas de ketchup picante - sal - pimienta - 1 pizca de azúcar - Tabasco o pimienta de Cayena.

Modo de preparación: Batir bien el requesón con la salsa de tomate picante y condimentarlo como guste.

Indicada para: Fondue de carne, de queso Bourguignonne y de pescado.

Salsa de hierbas

1 cucharada sopera de perifollo picado - 1 cucharada sopera de perejil picado - 1 cucharada sopera de cebollino picado - 1/2 cucharada sopera de estragón picado - 200 gr de mayonesa.

Modo de preparación: Mezclar las hierbas frescas con la mayonesa y servir inmediatamente.

Indicada para: Fondue de merluza rebozada, de espárragos y de alcachofas.

Nuestro consejo: En caso de apuro, se puede utilizar, en vez de hierbas frescas, hierbas desecadas. Sólo que las medidas serán de 1 cucharadita, en vez de 1 cucharada sopera. Las hierbas secas se deben desmenuzar en la mano y, una vez mezcladas con la mayonesa, se deja reposar la salsa de 15 a 30 minutos antes de servirla.

Salsa holandesa

2 cucharadas soperas de vinagre de vino - 1/2 cucharada sopera de cebolla rallada - 4-6 granos de pimienta - 1-2 cucharadas soperas de agua - 3 yemas de huevo - 250 gr de mantequilla - carne concentrada - zumo de limón.

Modo de preparación: Calentar en una cacerola el vinagre, los granos de pimienta machacados y la

Salsas y mojes, de la A a la Z

cebolla picada. Añadir el agua fría y pasar la masa por un colador a una fuente. Agregar las yemas y batir todo, al baño maría, hasta formar una crema espesa. Derretir la mantequilla calentándola. Añadirla a la crema de yemas poco a poco, sin dejar de batir. Agregar la carne concentrada y el zumo de limón. La mantequilla no debe estar demasiado caliente. Si la salsa resulta demasiado espesa, se la puede diluir agregando agua.

Indicada para: Fondue Chinoise, todos los tipos de fondues de pescado y marisco, así como con las de espárragos y alcachofas.

Variante: A partir de esta salsa se puede preparar la salsa Mousseline (y también la auténtica Chantilly), agregando a 1/2 l de salsa holandesa 4 cucharadas soperas colmadas de nata montada.

Nota: Cualquier nombre de receta con el sufijo Chantilly tiene algo que ver con nata. Y es porque según la leyenda, en el castillo del mismo nombre, cierto cocinero inventó la nata montada.

Salsa Holandesa al estragón

2 cucharadas soperas de vinagre de vino - 1 cucharadita de estragón picado, fresco o en conserva - 250 gr de salsa Holandesa, preparada o casera (receta en pág. 106) - zumo de limón.

Modo de preparación: Cocer el vinagre con las hojas picadas de estragón. Calentar la salsa Holandesa. Añadir a la salsa la mezcla del vinagre y del estragón. Condimentar con zumo de limón según gustos. Servir caliente.

Indicada para: Fondues de pescado, de alcachofas y de espárragos.

Salsa indonesia

60 gr de mantequilla - 1/8 l de salsa de soja indonesa - 2 cucharadas soperas de zumo de limón - sal - pimienta - 1 guindilla.

Modo de preparación: Derretir la mantequilla. Añadir la salsa de soja, el zumo de limón, la sal y la pimienta. Abrir la guindilla, sacar las semillas y picarla finamente. Agregarla al resto de los ingredientes. Llevar todo a cocción y dejar reposar durante dos minutos.

Indicada para: Pinchos de carne a la parrilla.

Variante: En vez de mantequilla de leche utilizar mantequilla de cacahuete. Al final, añadir 1 cucharada sopera de cebolla picada y tostada.

Salsa de jerez

1 pastilla de caldo - 1/2 l de agua - 2 cucharadas soperas de jerez - 4 cucharadas soperas de nata montada.

Modo de preparación: Hacer el caldo con el agua siguiendo las instrucciones del envoltorio. Añadir el jerez. Dejar enfriar. Agregar la nata montada. Servir en frío.

Indicada para: Fondue Punsch, pinchos de ternera Baco y fondue de albóndigas.

Salsa de manzana

8 cucharadas soperas de nata líquida - 3 cucharadas soperas de mostaza picante francesa - 1/2 cebolla - 2 manzanas - sal - pimienta - 2 huevos cocidos duros.

Modo de preparación: Mezclar la nata líquida con la mostaza y rallar la cebolla y las manzanas sobre la mezcla. Condimentar con sal y pimienta. Picar los huevos duros y agregarlos a la masa.

Indicada para: Fondues de carne y caldo, de mariscos y a la parrilla.

Salsas y mojes, de la A a la Z

Variante: Aderezar adicionalmente con 1 cucharadita de curry. Esta es la salsa ideal para fondues de cordero y de mariscos. Si a esta salsa añadimos 200 gr de gambas cocidas y peladas, obtendremos un suculento cocktail de mariscos.

Salsa de mostaza

1/2 frasco de mostaza fuerte (75 gr) - el zumo de 1 limón - 1/2 frasco de aceite (de los de mostaza) - 2 cucharaditas de perejil picado - 12 alcaparras.

Modo de preparación: Mezclar bien el aceite con el zumo de limón y añadir poco a poco el aceite sin dejar de remover. Por último, agregar el perejil y las alcaparras.

Indicada para: Fondue Chinoise.

Salsa de naranja

2 cucharadas soperas de vinagre de vino - 1/2 cucharada sopera de cebolla dulce picada - 4 granos de pimienta - 4 cucharadas soperas de zumo de naranja - 3 yemas de huevos - 250 gr de mantequilla - carne concentrada - 1 cucharada sopera de piel de naranja roja finamente pelada.

Modo de preparación: Cocer el vinagre, la cebolla y la pimienta triturada hasta que quede una masa espesa. Añadir 2 cucharadas de zumo de naranja y pasar la salsa por un colador. Agregar las yemas de huevo y, al baño maría, remover y batir hasta formar una crema espesa. Mezclar la mantequilla en estado líquido (pero sin estar caliente), removiendo bien. Añadir, por último, la carne concentrada, el resto del zumo y la piel de naranja.

Indicada para: Fondues de aves y de espárragos.

Variantes sencillas: Mezclar mayonesa con zumo de naranja y piel de naranja rallada. O diluir una yema de huevo en una salsa preparada blanca. Completar la cantidad de líquido necesaria con zumo de naranja; condimentar con piel de naranja rallada.

Salsa Niza

1 cucharada sopera de ketchup de tomate - 1/2 vaso de yogur - 4 cucharadas soperas de mayonesa - 2 pimientos verdes - 1/2 cucharadita de estragón desecado - sal - pimienta.

Modo de preparación: Mezclar el ketchup con la mayonesa y el yogur. Quitar los granos del pimiento y rallarlo. Añadir la ralladura a la salsa, así como el estragón desmenuzado. Condimentar con sal y pimienta y dejar reposar la salsa en el frigorífico por lo menos durante 30 minutos.

Indicada para: Fondues de aceite.

Salsa de patatas

200 gr de requesón - 4 pepinos conservados en eneldo y sal - 1 cucharadita rasa de pimentón dulce - 1 cucharada sopera de vinagre de vino - 1 cucharadita de perifollo picado - un poco de leche.

Modo de preparación: Mezclar el requesón con los pepinos finamente picados. Añadir el pimentón, el vinagre y las hierbas. Remover todo bien y añadir algo de leche si la masa resultara demasiado espesa. Esta salsa es pobre en calorías.

Indicada para: Fondues de patatas campesina y de verduras.

Salsa de rábanos picantes

1 cebolla - 1 manzana - 1 cucharada sopera de aceite - 1/8 l de agua - 1/8 l de leche - 1 paquetito de salsa concentrada - 1 yema de huevo - 3 cucharadas soperas de rábanos picantes frescos y rallados o 3 cucharaditas si son desecados (Spice Islands) - 1/2 cucharadita de mostaza de rábanos - sal - 1 piz-

ca de azúcar - 2 cucharadas soperas de nata montada.

Modo de preparación: Pelar la cebolla y la manzana, rallarlas y freír la ralladura ligeramente en el aceite. Agregar el agua, la leche y la salsa en polvo (¡Atención a las instrucciones de uso!). Añadir la yema de huevo, el rábano rallado y los demás condimentos. Por último, agregar la nata montada y remover todo bien.

Indicada para: Fondues de carne y caldo.

Salsa de remolacha

1/4 l de nata agria - 3 cucharadas soperas de jugo de remolacha - 1 cucharadita de zumo de limón - 1 pizca de comino molido - 1 cucharada sopera de eneldo fresco picado - pimienta - sal.

Modo de preparación: Mezclar los ingredientes removiendo bien. Servir en frío.

Indicada para: Fondues de carne. También acompaña bien a cualquier tipo de arenques.

Salsa Roquefort

150 gr de queso Roquefort - 8 cucharadas soperas de aceite - 4 cucharadas soperas de vinagre de vino - sal - pimienta.

Modo de preparación: Machacar el queso con un tenedor y formar una pasta mezclándolo con el aceite. Agregar el vinagre y condimentar, según gustos, con sal y pimienta.

Indicada para: Todo tipo de fondues de pescado.

Salsa Steak

150 gr de requesón - 5 cucharadas soperas de leche - 1 cucharadita de mostaza fuerte - 1 cucharadita de rábano picante rallado - 1 «coup» de ron - 1 pizca de sal - pimienta - 1 cucharada sopera de mermelada de naranja agria.

Modo de preparación: Mezclar bien el requesón con la leche. Añadir el resto de los ingredientes y remover de tal manera que quede una salsa espesa y homogénea.

Indicada para: Fondue Bourguignonne, fondue de caldo de carne y con todo tipo de carne a la parrilla.

Salsa Tártara

1 yema de huevo - 1 cucharadita de mostaza fuerte - carne concentrada - 1/2 cucharadita de zumo de limón - alrededor de 1/8 l de aceite - 2 cebollas - 3 pepinillos - 1 cucharada sopera de alcaparras - 1 huevo cocido duro.

Modo de preparación: Mezclar la yema de huevo con la mostaza y la carne concentrada. Añadir el zumo de limón y, sin dejar de batir, agregar poco a poco el aceite, hasta que la mayonesa alcance la consistencia deseada (también se pueden emplear 150 gr de mayonesa preparada). Picar finamente los pepinillos y las cebollas y agregarlos, junto con las alcaparras, a la mayonesa. Cortar en trocitos muy pequeños el huevo duro y añadirlo con cuidado a la salsa.

Indicada para: Todo tipo de fondues, desde las de carne, pasando por la Chinoise, hasta las de pescado. También acompaña muy bien a las de pescado rebozado.

Salsa de tomate fría

500 gr de tomates - 1 cebolla - 1 diente de ajo - 1 hoja de laurel - 1 terrón de azúcar - sal - pimienta - 1/8 l de agua - 1/8 l de nata.

Modo de preparación: Cortar los tomates en trozos pequeños, picar la cebolla y el ajo. Cocerlos con los condimentos en el agua durante 5 minutos. Dejar reposar durante 30 minutos. Pasar la masa por

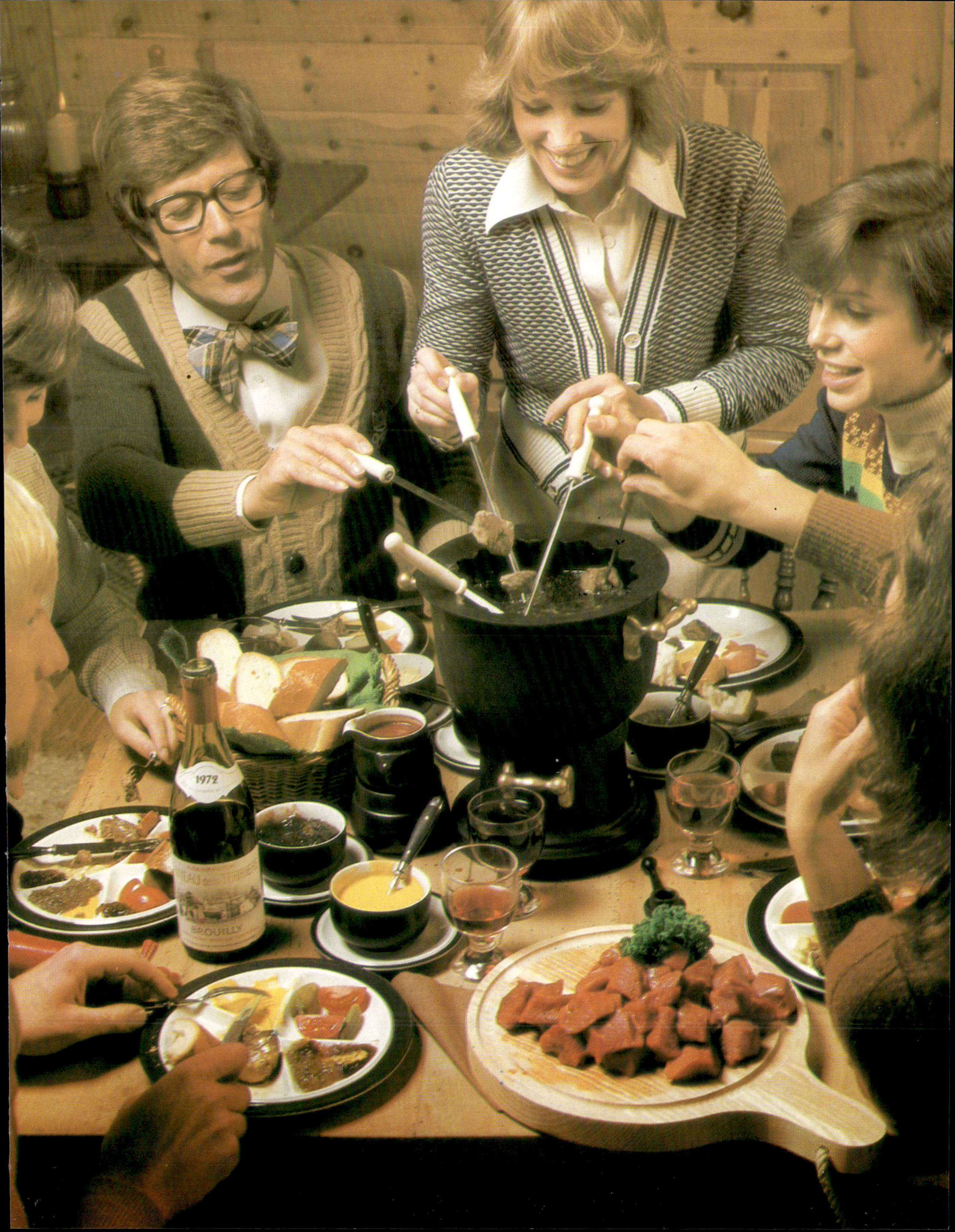
1972
BROUILLY

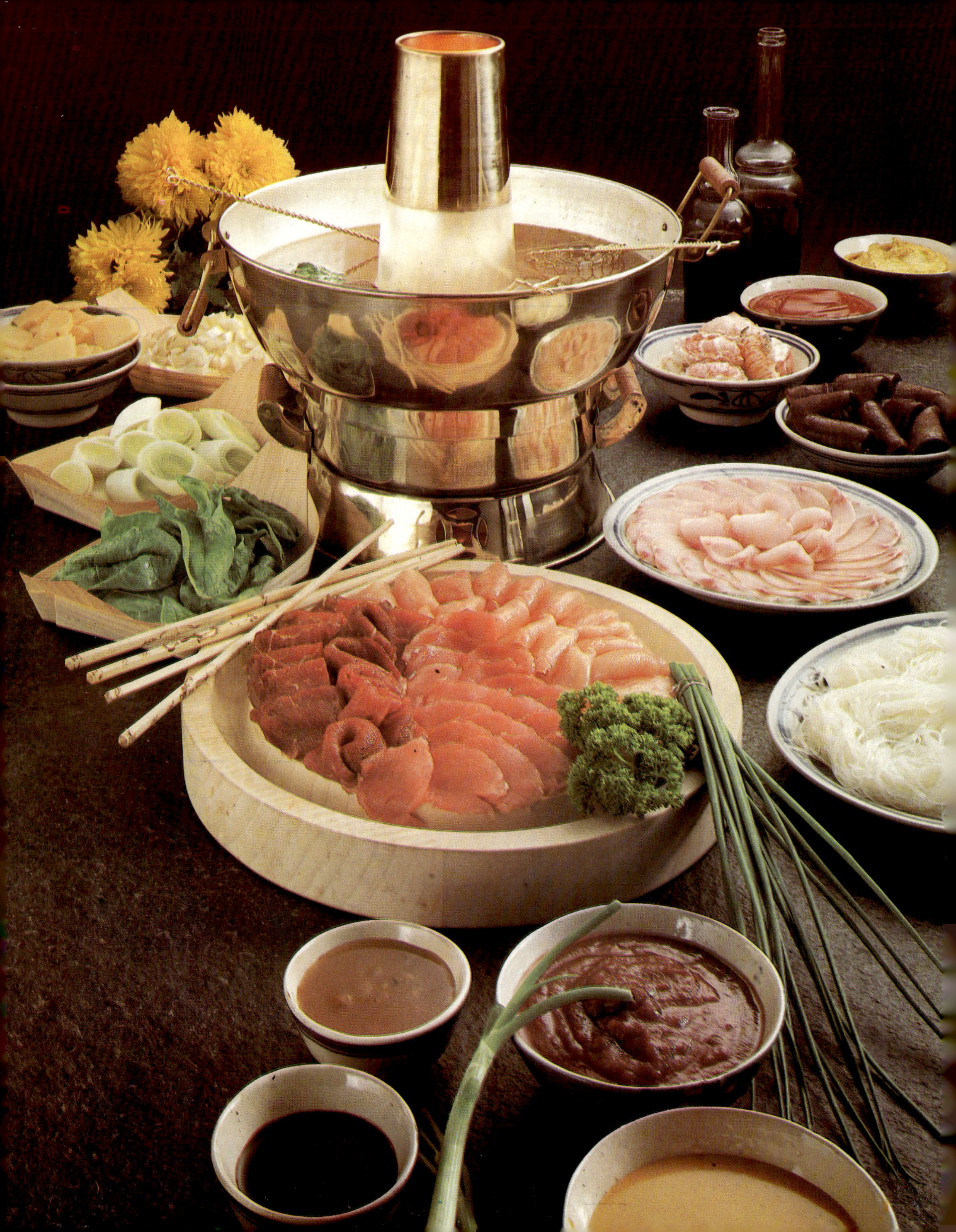

Los crisantemos dan el toque mágico a la decoración —y al sabor— de esta fondue. Receta en página 69

un colador y dejar enfriar del todo. Añadir la nata ligeramente batida.

Indicada para: Fondues de cordero, de aves, de espárragos y de alcachofas.

Salsa de tomate a la provenzal

170 gr de ketchup de tomate - 2 cucharadas soperas rasas de pimentón dulce - 2 cucharadas soperas de requesón desnatado - 1 cucharadita de salsa de soja - 1 cucharadita de vinagre de frutas.

Modo de preparación: Mezclar bien todos los ingredientes.

Indicada para: Fondues de carne o de mostaza.

Salsa verde de espárragos

1 cebolla - 3 cucharadas soperas de vinagre de frutas - 1 cucharada sopera de agua en la que se han cocido espárragos - 6 cucharadas soperas de aceite de oliva - 1 cucharadita de mostaza fuerte - 1 cucharada sopera de perejil picado - 1 cucharada sopera de espinacas picadas (sin cocinar) - 1 cucharada sopera de berros picados - 1/2 diente de ajo.

Modo de preparación: Picar finamente la cebolla. Mezclar los ingredientes y remover un buen rato (unos 5 minutos).

Indicada para: Fondue de alcachofas y de espárragos.

Salsa Vinagreta

1 cucharada sopera de perejil picado - pepinillos - 1 cebolla pequeña - 1 cucharadita de mostaza fuerte - 1/2 cucharada sopera de alcaparras - 1/2 cucharada sopera de cubitos de tomate muy pequeños - 2 cucharadas soperas de vinagre de vino - 1 cucharadita rasa de carne concentrada - 1/8 l de aceite - 1 huevo cocido duro.

Modo de preparación: Mezclar el perejil con los pepinillos picados, la cebolla picada, la mostaza, las alcaparras y los trocitos de tomate. Añadir el vinagre y la carne concentrada. Agregar el aceite con mucho cuidado hasta formar una salsa cremosa. Picar el huevo finamente y añadirlo a la salsa.

Indicada para: Fondue Chinoise, fondue de caldo de carne y fondues de alcachofas y espárragos.

Salsa Yankee

2 huevos cocidos duros - 1 cucharada sopera de mostaza suave - sal - 1/8 l de aceite - zumo de limón - 1 cucharada sopera de pepinillo picado - 2 cucharadas soperas de cebollitas en vinagre picadas - azúcar - 1 cucharada sopera de queso rallado (Parmesano u otro queso fuerte).

Modo de preparación: Cortar los huevos por la mitad. Sacar la yema y mezclarla, con un tenedor, con la mostaza. Condimentar la pasta con sal y añadir poco a poco el aceite. Para que no se corte la salsa, agregar de vez en cuando zumo de limón. Añadir los pepinillos y las cebollitas picados. Aderezar con sal, azúcar y otro poco de zumo de limón. Mezclar, por último, con la salsa el queso rallado y la clara de los huevos picada.

Indicada para: Fondues de pescado.

Aquí finaliza el capítulo dedicado a salsas y mojes, aunque podríamos seguir dando recetas y recetas. Según algunos cálculos ciertamente moderados, existen otras 800 ó 1000 salsas. Seguramente esta misma noche, en algún lugar donde se cocinen fondues, se está inventando una nueva salsa. Con esto pretendemos animar a nuestros lectores a que experimenten; únicamente se necesitan los ingredientes y un poco de fantasía. Por otra parte, inventar una salsa nueva puede ser sólo cuestión de añadir 1 cucharada de whisky o unas almendras picadas. Sinceramente: no es tan difícil. Además, pensemos que las salsas pueden ser el motivo de que una fondue resulte un éxito o un fracaso.

Salsas y mojes, de la A a la Z

El mercado de las salsas preparadas

El surtido de salsas preparadas ha aumentado considerablemente en estos últimos años. Algunas firmas comercializan incluso conjuntos de 5 ó 6 salsas diferentes. En general, hemos de reconocer que los sabores de los distintos mojes, salsas y condimentos están bien estudiados y ensayados, además, hay tanta variedad que es fácil encontrar salsas que se adapten a todos los gustos.

En nuestra opinión, las cantidades ofrecidas en los frascos, de 250 a 340 ml, son excesivas. A nosotros nos gusta servir bastantes salsas en las fondues y, aparte del engorro que supone guardar 12 ó 14 frascos medio llenos, es muy posible que la salsa de alguno de ellos se estropee con el tiempo. Por eso merece la pena prepararlas en casa y ofrecer las preparadas sólo en casos extremos.

No obstante, cuando no tenemos tiempo de prepararlas en casa recurrimos a alguna de las preparadas industrialmente:

— Conjunto de salsas para fondue de Fondua (Bélgica), con 6 salsas de 125 ml cada una:
Andaluza: picante, sabor español.
Alioli: fuerte, con ajo.
Curry: muy fuerte.
Cocktail: condimentada con whisky.
Vincent: con hierbas picantes.
Rougaille: fuerte, con tomate.

— Conjunto para fondue de Lacroix con 6 salsas de 100 ml cada una:
Salsa Cocktail
Salsa de chile
Salsa de jengibre
Salsa de mostaza
Salsa para parrilla
Salsa para fondue.

— Conjunto de salsas con 5 tipos diferentes de 250 ml cada una (especialmente recomendable para fondues de carne y pescado):
Salsa de mostaza a la Bourguignonne
Salsa Béarnaise
Salsa Cocktail con whisky escocés
Salsa Tártara
Salsa Verde con pimienta

— Frascos de 250 ml:
— de Appel: Salsa para fondue según la receta suiza.
— de Kraft: Salsa del diablo (aceite, yema de huevo, tomate, pimentón y pimienta verde)
Salsa Mango
Aderezo exótico
Aderezo para fondues
— Sweet & Sour, una serie de la casa Amoy con salsas de los siguientes sabores:
piña
jengibre
lychees

— de Conimex (en bolsas):
Salsa Ketjap Saté (soja saté).
Salsa Pinda Saté (cacahuete saté).

Aparte de estas salsas, en su mayoría cremosas y espesas, debemos tener en cuenta las más fluidas, normalmente de origen asiático y que se emplean en fondue Chinoise, potes orientales y Sukiyakis. También se utilizan para macerar y condimentar carnes y pescados.

— Las salsas de soja que nosotros preferimos son de la casa Conimex:
Ketjap Benteng Manis (dulce).
Ketjap Benteng Asin (ligeramente dulce).

— De la casa Amoy, se pueden encontrar, en cualquier tienda, salsas de soja claras y oscuras. Un consejo: la salsa de soja se debe emplear con moderación, pues es muy salada.

— Para la preparación del Sukiyaki existe en el mercado una salsa especial de la casa Kikkoman (en Europa distribuida por Appel) tan suave que se puede tomar directamente del envase o diluyéndola previamente en agua.

Panes y bizcochos caseros para fondues

A nosotros nos gusta hacer el pan en casa, y hemos comprobado que servir pan casero para acompañar una fondue constituye siempre una agradable sorpresa para nuestros invitados. Y más aún cuando se trata de pan blanco, pues su aroma, inconfundible, añade un toque intimista a la fiesta.

También nuestros lectores pueden cosechar sinceros elogios, pues no todo el mundo se toma la molestia de cocer pan especialmente para una invitación. Además, como la preparación de una fondue tampoco es un asunto que requiera excesivo tiempo, nos podemos permitir ese lujo.

El pan casero se presta tanto para las fondues de queso —añadiendo un poco más de levadura se consiguen más poros y, con ello, que el queso se absorba mejor— como para las de carne, para acompañar (entre bocado y bocado se puede freír un trozo de pan en el aceite). Especialmente exquisitos resultan los panes caseros regados con el caldo sobrante de las fondues y potes orientales. Otra ventaja es que se puede aumentar la capa de corteza, y ya sabemos que cuanta más corteza tenga el pan para fondues, mejor sabe.

Si una fondue, por no ser demasiado fuerte, requiere para contrastar un pan que sí lo sea, podemos cocerlo fácil y rápidamente siguiendo las instrucciones del envoltorio de las masas para pan que comercializa la firma Dr. Oetker. (Estas masas, listas para su cocción, se pueden encontrar en establecimientos especializados).

Pero no olvidemos que solamente el pan blanco se come muy fresco. Todos los demás ganan en consistencia y aroma si son de hace uno o dos días. El pan de centeno nos gusta más después de haber reposado durante una semana envuelto en un plástico poroso. Pero esto es, naturalmente, una cuestión de gustos.

Y ya que tenemos encendido el horno, nos gustaría recordar también que el pan blanco comprado en la panadería incrementa su calidad si le metemos en el horno a fuego fuerte durante unos minutos.

He aquí nuestras recetas:

Panes y bizcochos caseros para fondues

Pasta campesina agria

A estos panecillos puede dárseles forma de bola o, si se prefiere, utilizar un molde adecuado.

350 gr de harina Graham tipo 1700 - 1 cucharada sopera rasa de azúcar - 1/2 bolsita de levadura - 1 cucharadita rasa de sal - 200 gr de masa agria (receta siguiente) - 3 cucharadas soperas de manteca de cerdo.

Modo de preparación: Mezclar en una fuente la harina (guardar 2 ó 3 cucharadas soperas aparte), el azúcar, la levadura y la sal. Agregar, removiendo bien, la masa agria. Derretir la manteca de cerdo y agregarla a la masa. Batir la masa hasta que se separe sin dificultad de la fuente. Si resulta demasiado fluida, agregar harina; si demasiado espesa, agua. Untar con manteca de cerdo el molde donde se vaya a cocer. Extender la parte de harina que se guardó aparte sobre una superficie de trabajo. Rebozar en ella partes de masa del tamaño de una nuez. Colocar los bollitos, uno junto a otro, en el molde. Tapar el conjunto de bollitos con un paño de cocina, colocar el molde al calor durante 20 minutos y dejar venirse la masa. Precalentar el horno a 200° C (grado 4). Disponer el molde en el nivel más bajo del horno y dejar cocer durante 30 minutos. Si se utiliza un molde de hierro colado, la masa tardará 15 minutos más hasta estar lista. Servir los panecillos de pasta pegados unos a otros; en la mesa se dejan separar fácilmente.

Masa agria para pan

Antiguamente se conseguía esta masa en cualquier tahona; pero dado que cada día es más difícil encontrarla, ofrecemos esta receta, que nosotros mismos utilizamos.

20 gr de levadura - 1 cucharada sopera de azúcar - 150 gr de harina - 1/4 litro de agua.

Modo de preparación: Mezclar la levadura, el azúcar y la harina. Hacer una papilla añadiendo al agua templada, pero teniendo cuidado de no formar grumos. Dejar reposar por lo menos durante dos días a temperatura ambiente. A las 24 horas, remover la masa. Se conserva hasta 10 días si se guarda en el frigorífico.

Rollos de tocino y cebolla

1 cucharada sopera de mantequilla - 300 gr de harina de trigo - 1/3 bolsita de levadura - 1 cucharadita rasa de sal - 1 cucharadita rasa de azúcar - 0,2 l de leche - 2 cebollas grandes - 60 gr de tocino - 1 cucharada sopera de aceite.

Modo de preparación: Derretir la mantequilla y dejarla enfriar. Mezclar la harina, la levadura, la sal y el azúcar. Añadir poco a poco, sin dejar de remover, la leche y la mantequilla. Remover la masa y cuando se separe fácilmente de la fuente, trabajarla sobre una tabla espolvoreada con harina. Colocar la masa en una fuente y, tapada con un paño de cocina, dejarla venirse hasta que se haya duplicado. Entretanto, picar bien las cebollas y el tocino y freír los taquitos en una sartén hasta que se tornen crujientes. Dejar al fresco para que se enfríen. Precalentar el horno a temperatura mínima. Volver a trabajar la masa inflada, dividirla en dos partes y formar con el rodillo dos rectángulos delgados. Repartir uniformemente los taquitos de tocino y cebolla. Dejar libres los bordes y enrollar las láminas de masa. Rebozar los rollos en harina y cortarlos en discos de unos 2-3 cm de grosor. Colocar las rodajas sobre una plancha engrasada y disponer ésta en un nivel intermedio del horno regulado al mínimo. Después de 5 ó 10 minutos, graduar el horno a 200°C (grado 4) y dejar cocer durante 30 minutos.

Nota: Los cocineros con poco tiempo no preparan el tocino y la cebolla, sino que se extiende sobre la masa cebolla fina frita de bolsa o lata.

Panes y bizcochos caseros para fondues

Pan de copos de avena

200 gr de copos de avena - 0,1 l de leche cuajada - 1 cucharada sopera rasa de azúcar - 1 cucharada sopera de mantequilla - 100 gr de harina - 1 cucharadita rasa de sal - 1 bolsita de levadura.

Modo de preparación: Sumergir la mitad de los copos de avena en la leche cuajada durante una noche. Al día siguiente, tostar en una sartén los restantes copos de avena con la mantequilla y el azúcar. Trabajar los copos reblandecidos en la leche cuajada con la harina, la sal y la levadura. Precalentar el horno a 180º C (grado 3). Amasar los copos tostados y enfriados con la masa de harina y avena. Formar con el rodillo, sobre una superficie espolvoreada con harina, una torta de 5 cm de grosor. Colocarla sobre una plancha engrasada y, con un cuchillo, realizar cortes de 1 cm de profundidad, dividiendo la torta en 8 ó 12 porciones, como si se tratara de una tarta. Disponer la plancha en un nivel medio del horno y cocer de 30 a 35 minutos. Cuando el pan esté templado, cortar con la mano las porciones y servirlas para mojar en fondues de queso o para acompañar en fondues Bourguignonne.

Picatostes para fondue

Se trata de una receta que todavía hoy se sigue en algunos caseríos de Westfalia. Hemos descubierto que estos picatostes son ideales para sumergir en fondues de queso muy fluidas. El único inconveniente es que, para pincharlos, se necesitan unos tenedores muy afilados.

40 gr de levadura - 1/2 cucharada sopera de azúcar - 1/4 l de leche - 500 gr de harina de trigo - 1/2 cucharada sopera de sal - 3 cucharadas soperas de mantequilla.

Modo de preparación: Hacer una papilla con unas cucharadas de leche, con la levadura y el azúcar. Poner la harina en una fuente, hacer una artesa en el centro y verter en ella la papilla de leche. Cubrirla con un poco de harina y dejar reposar. Mezclar el resto de la leche con la mantequilla y la sal, calentar la papilla ligeramente y, después de 15 minutos, verterla sobre la fuente con harina. Remover el contenido de la fuente con un cucharón de palo, hasta que se desprenda de las paredes. Trabajar la masa sobre una superficie enharinada. Formar un cuerpo alargado e introducir la masa en un molde rectangular. Dejar reposar unos 15 minutos, hasta que se infle algo la masa. Cocer a 200ºC (grado 4) durante 30-35 minutos. Sacar el pan del molde y, todavía caliente, partirlo en trozos pequeños. Esto se ha de hacer con las manos, nunca con el cuchillo. Tostar los trozos, sobre una plancha de metal, en el horno todavía caliente.

Baguette o pan blanco tipo pistola

El pan blanco, por su corteza, es ideal para sumergir en fondues de queso. Por desgracia, la harina original para este tipo de pan no se encuentra fácilmente, pero creemos que hemos encontrado una buena solución.

400 gr de harina de trigo (tipo 405) - 2 cucharadas soperas rasas de puré de guisantes en polvo - 40 gr de levadura - 1 cucharada sopera rasa de azúcar - 1/4 de leche - 1 cucharada sopera rasa de sal - 1/8 l de agua.

Modo de preparación: Mezclar la harina con el puré de guisantes en polvo, hacer una artesa en el centro y verter en ella la levadura, el azúcar y algo de leche templada. Remover y dejar venirse la papilla formada en el centro de la harina. Mezclar la papilla con la harina y añadir la sal, el resto de la leche y el agua también templada. Remover bien la masa, hasta que se separe de la fuente. Taparla con un paño de cocina y dejar venirse durante 1/2 hora. Dividir la masa en dos partes y formar dos barras de 50 cm cada una. Tapadas sobre una plancha engrasada, dejarlas reposar otros 15 minutos. Hacer varias hendiduras transversales con un cuchillo afilado. Mojar las barras con agua fría. Meter la plancha con las barras en el horno precalentado a

Panes y bizcochos caseros para fondues

220ºC (grado 4) y colocar en el suelo del mismo una taza con agua hirviendo. Cerrar el horno y cocer los panes durante 25 minutos. Sacarlos y mojarlos inmediatamente con agua fría.

Blinis a la Weisham

La sugerencia de cocer pan Blinis no sólo con harina de trigo sarraceno se la debemos a Otto Koch, chef del restaurante «Le gourmet» en Munich. No revelamos aquí su receta y los ingredientes que él utiliza, sino que damos nuestra propia versión.

1/8 l de leche - 1 cucharada sopera rasa de azúcar - 10 gr de levadura - 1 yema de huevo - 125 gr de harina Graham tipo 1700 - 1/2 cucharadita de sal - 1 cucharada sopera de mantequilla - si acaso, otro poco de leche - 2 claras de huevos - mantequilla para la sartén.

Modo de preparación: Calentar la leche a 35°C y remover en ella el azúcar, la levadura y la yema. Agregar la harina Graham y la sal, y volver a remover. Derretir la mantequilla y añadirla a la masa. La masa debe reposar por lo menos 3 horas en un lugar alejado de corrientes de aire, y se debe remover de vez en cuando. Si resultara demasiado espesa, se puede diluir con leche caliente. Batir las claras a punto de nieve y agregarlas a la masa. Freír los panecillos en una sartén untada con mantequilla. La medida de cada uno es de 1 cucharadita de masa. Una vez en la sartén, se aplastan un poco con la misma cucharita y se vuelven cuando los bordes empiecen a tomar un color oscuro. Se pueden servir desde muy calientes a templados. Para sumergirlos en la masa de queso, se doblan por la mitad y se pinchan con el pincho para fondues.

Indicado para: Fondue de Roquefort.

Pan de especias

La receta de este pan garantiza una buena cantidad de corteza.

1 paquete de pan de comino para hacer en casa - 1/4 l de agua templada - 1 cucharadita de anís (granos) - 1 cucharadita de hinojo - un poco de sal.

Modo de preparación: Preparar la masa según las instrucciones del envoltorio. Machacar el anís y el hinojo en el mortero y mezclar ambas especias, junto con la sal, con la masa. Formar un hogaza alargada, colocarla sobre una plancha engrasada y dejarla reposar otros 15 minutos en un lugar caliente. Precalentar el horno a 200º C (grado 4). Hacer cuatro hendiduras transversales en la parte superior de la hogaza de pan (de 1 cm de profundidad) y mojarla con agua templada. Cocerla en el horno (nivel intermedio) durante 40-50 minutos.

Indicado para: Fondues fuertemente condimentadas, fondues de carne con caldo y fondues de despojos.

Guarniciones caseras

Al describir la receta base para la fondue Bourguignonne también reseñamos todo lo que se puede servir para acompañarla, aparte, claro está, las salsas y mojes, que ya merecieron un capítulo especial. La regla decía que siempre debe haber algo picante, algo agridulce, algo fresco y algo crujiente. En los supermercados existe un amplio surtido para elegir entre estos sabores.

Pero no todos se contentan con abrir un frasco o una lata y servir, sin más, su contenido. Para ellos hemos efectuado una pequeña selección de guarniciones que realmente no se comen todos los días. Para la preparación de algunas se necesita bastante tiempo, como, por ejemplo, el chutney de albaricoque. Pero, en cambio, es especialmente exquisito, y no se encuentra en el mercado. Tampoco se encuentran nuestros pinchos de limón o de lima, ni nada que se les parezca. También hemos incluido otras guarniciones, como las «cebollas para sumergir», que son mucho más fáciles de preparar.

Nuestro criterio de selección de las recetas se basa en el éxito obtenido con nuestros invitados.

Otra idea para acompañar fondues, que no incluimos aquí por la sencillez de su preparación, es servir una ensalada normal y corriente. Puede ser una ensalada de lechuga con aceite, vinagre y hierbas; una ensalada de achicoria con gajos de naranja y salsa de yogur; de tomates con aros de cebollas y aceitunas; de pepinos con aceite. En fin, cualquier tipo de ensalada que a nuestros lectores se les ocurra. Además, el efecto de contraste entre los filetitos de carne, el pan y la ensalada resulta realmente decorativo y abre el apetito.

En resumidas cuentas, con este capítulo queremos dar algunas sugerencias adicionales para aquellos que quieran dar un toque especial a sus fondues, o que están cansados de tantos mojes, salsas y guarniciones de frasco o lata.

Guarniciones caseras

Chutney de albaricoque

500 gr de albaricoques desecados - 1/2 l de agua - 1/4 l de vinagre de vino - azúcar según peso - 1 cucharadita rasa de pimienta al limón (Lemonpepper) - 50 gr de almendras picadas - 1 cucharada sopera de mantequilla - 2 cl de licor de albaricoque.

Modo de preparación: Reblandecer los albaricoques en agua durante una noche y escurrirlos. Pasarlos por la batidora eléctrica sin triturarlos demasiado. Mezclar la pasta de fruta con el vinagre, y, si fuera necesario, diluirla con un poco de agua (con la que se han reblandecido los albaricoques). Pesar la papilla y añadir 100 gr menos de azúcar. Condimentar con la pimienta al limón. Cocer, removiendo, hasta que por evaporación se forme una pasta espesa. Entre tanto, tostar las almendras picadas en mantequilla caliente. Añadir después de la cocción las almendras picadas y el licor. Remover y, todavía caliente, verter el chutney en un frasco. Cerrar herméticamente.

Consejo práctico: No olvidar aprovechar los albaricoques restantes para la fondue de cordero al estilo sirio.

Piña en conserva

50 gr de dátiles secos o 150 gr de dátiles frescos - 3 rodajas de piña (lata) - 2 cucharadas soperas rasas de azúcar - 4 cucharadas soperas de vinagre - 2 cucharadas soperas de jugo de piña (de la lata) - sal - chile en polvo.

Modo de preparación: Deshuesar los dátiles y picarlos. Si los dátiles son secos, dejarlos reblandecer unas horas en 4 cucharadas soperas de agua. Cortar los anillos de piña en segmentos delgados. Mezclar los dátiles frescos o los secos (con el agua en el que han sido reblandecidos), con el azúcar, el vinagre y el jugo de piña. Condimentar con sal y chile. Cocer todo a fuego lento durante 10 minutos, sin dejar de remover. Añadir los trozos de piña y cocer otros 5 minutos. Guardar en tarros herméticos o servir en frío.

Indicada para: Fondues de carne y para las de estilo asiático.

Pinchitos de limón

Para los amantes de los sabores fuertes.

6-8 limas o limones - 1 cucharada sopera rasa de sal - vainas de chile rojas y verdes según peso - 1/4 litro de vinagre de vino.

Modo de preparación: Cepillar las limas bajo el grifo caliente, secarlas, cortarlas longitudinalmente en 6 segmentos y salarlas. Dejar secar en el horno a 50º C, con la puerta ligeramente abierta durante una o dos noches. Durante el día, dejar reposar en un lugar cálido y seco. Pesar los trozos de lima desecadas y picar 1/4 del peso de las vainas de chile. Mezclar los chiles picados con las limas. Meterlas en un frasco de cristal térmico, añadir el vinagre y calentar. Si fuera necesario, retirar la espuma que se haya formado y el vinagre sobrante.

Nuestro consejo: Si se guardan al fresco, metidas en frascos con cierre al vacío, se conservan durante algunas semanas.

Cebollitas agridulces

Aunque algunos comensales ya las conozcan, para la mayoría constituirán, sin duda, una grata sorpresa.

6 frascos de cebollitas en vinagre (cada uno de 370 ml) - 3 clavos enteros - 1 hoja de laurel - 1 trocito de jengibre - 3/4 l de vinagre de vino - 3 cucharadas soperas rasas de azúcar - 2 bolsitas de azúcar de vainilla.

Modo de preparación: Escurrir las cebollitas, lavar los frascos y sus tapaderas. Triturar los condimentos y, envueltos en una bolsita de muselina, dejarlos cocer durante 10 minutos sumergidos en el vinagre con azúcar. Llenar otra vez los frascos con las cebollitas y verter el vinagre caliente sobre ellas. Cerrar inmediatamente.

Guarniciones caseras

Limones conservados en aceite

Los limones así preparados acompañan especialmente bien a toda clase de fondues de carne o pescado, ya sea con aceite o con grasa vegetal.

6 limones - 20 clavos enteros - 10 granos de cilantro - aceite de oliva.

Modo de preparación: Lavar bien los limones enteros e introducirlos, junto con los clavos y granos de cilantro, en frascos con cierre hermético. Cubrirlos con aceite de oliva, cerrarlos y almacenarlos durante 6 meses sin abrirlos ni sacudirlos. Pasados los seis meses, se pueden sacar los limones que se necesiten y seguir guardando el resto. El único requisito es que queden cubiertos con aceite.

Tomates para cocktail en escabeche

400 gr de tomates para cocktail - 1 manojo de perejil - 1 tallo de apio - 3 tallitos de menta fresca - 1 cebolla pequeña - 1 diente de ajo - 10 bayas de pimienta verde (lata) - 3 cucharadas soperas de vinagre - 4 cucharadas soperas de aceite - sal - Tabasco.

Modo de preparación: Hacer una incisión en los tomates de tal manera que se pueda sacar la carne del centro sin dañar el conjunto. Picar no muy finamente las hierbas, la cebolla y el ajo. Mezclar lo picado con el vinagre, las bayas de pimienta y el aceite, y pasarlo todo por la batidora eléctrica hasta formar un puré. Condimentar con sal y Tabasco. Derramar el puré en los tomates vaciados y macerarlos durante por lo menos 24 horas.

Sambal

30 gr de pepinillos - 1 cebolla pequeña - 2 Peperonis pequeños - 1 diente de ajo - 10 bayas de pimienta verde (lata) - 1 plátano - 2 cucharadas soperas de zumo de limón - 2-3 cucharadas soperas de aceite - sal - azúcar.

Modo de preparación: Mezclar todos los ingredientes, desde los pepinillos al plátano, picándolos previamente. Añadir el zumo de limón y el aceite. Aderezar con sal y azúcar. Enfriar en el frigorífico y servir el mismo día de su preparación.

Cebollas para sumergir

Se preparan sólo para acompañar fondues de aceite o grasa vegetal, y se elaboran el mismo día de su utilización.

4 cebollas grandes - 1/2 l de leche - 100 gr de harina - sal - pimienta.

Modo de preparación: Cortar las cebollas en aros. Sumergirlos en leche 2 ó 3 horas. Escurrirlos, secarlos con un paño de cocina, rebozarlos en la harina, sacudirlos un poco y disponerlos en tazas, para su consumo, en la mesa.

Indicadas para: Todas las fondues de carne y de verduras.

Barritas de patata

1 kg de patatas cocidas (grandes) - 1 litro de aceite.

Modo de preparación: Cortar las patatas cocidas en barritas tamaño patata frita. Secarlas bien con un paño. Freírlas por partes en el aceite hirviendo durante unos dos minutos. Escurrirlas bien y dejarlas enfriar sobre un paño. Servirlas en una fuente. Cuando los comensales hayan terminado de freír las patatas en el aceite de la fondue, se aderezan con sal o pimentón y se sumergen en alguna salsa picante.

Albondiguillas de pescado

500 gr de bacalao o salmón - 2 claras de huevo - 1/4 l de nata - sal - pimienta.

Guarniciones caseras

Modo de preparación: Picar la carne del pescado. Batir las claras a punto de nieve y mezclarlas con la carne picada. Añadir poco a poco la nata. Condimentar generosamente la masa de pescado con sal y pimienta. Formar albondiguillas con la masa y colocarlas, unas junto a las otras, en una olla no muy profunda, pero grande. Regarlas con agua hirviendo salada, hasta que queden bien cubiertas. Tapar la olla y ponerla a fuego muy lento durante 10 minutos. No es necesario que el agua llegue a cocer. Sacar las albondiguillas con la espumadera y servirlas frías o templadas.

Indicadas para: Todo tipo de fondues de pescado Chinoise.

Crêpes de harina de arroz

Especialmente indicadas para acompañar a la fondue Puegogi de la página 77.

150 gr de harina de arroz - 2 cucharadas soperas rasas de harina de trigo - 1/2 cucharadita de azafrán - 1/2-3/4 l de agua - 3-4 cucharadas soperas de aceite.

Modo de preparación: Mezclar las dos clases de harina, añadir el azafrán y, con 1/2 litro de agua, hacer una masa homogénea. Después de dejar reposar la masa durante una hora, añadir más agua hasta formar una masa normal para crêpes. Freír en poco aceite las crêpes, hechas cada una con 2 cucharadas soperas de masa. Hay que tener cuidado de que no se agarren las tortitas, pues la masa carece de huevos. Las crêpes no deben tomar un color tostado.

Nota: Como la harina de arroz no es fácil de conseguir, también se pueden hacer con arroz:

100 gr de arroz - 1/2 l de agua - si acaso, 2 cucharadas soperas de harina de trigo - 1/2 cucharadita de azafrán.

Modo de preparación: Reblandecer el arroz dejándolo durante una noche sumergido en agua. Añadir al día siguiente el azafrán y pasar todo por la batidora eléctrica. Si la masa resultara demasiado espesa, añadir más agua. Si resultara demasiado fluida, diluir 1 ó 2 cucharadas soperas de harina en un poco de masa de arroz, agregar la papilla al resto de la masa y volver a pasar por la batidora eléctrica. La masa debe ser removida durante la freidura de las crêpes constantemente, pues se corta con facilidad.

Pan de ajo

Pan blanco tipo pistola (receta en pág. 119) - 3 dientes de ajo - sal - 100 gr de mantequilla.

Modo de preparación: Cortar el pan en rodajas. Machacar el ajo en un mortero, junto con la sal, y mezclarlo bien con la mantequilla blanca. Volver a reconstruir la barra después de haber untado las rodajas con la mantequilla y el ajo. Envolver la barra en papel de aluminio y cocer en el horno a 200°C. Servir caliente con fondues de carne.

Bebidas para acompañar fondues

En el capítulo dedicado a las fondues de queso ya recalcamos que el vino debería ser cuanto más ácido mejor. Y también es cierto que se debería beber siempre el mismo vino que se ha utilizado en la preparación de la comida. Está claro, pues, que para acompañar *fondues de queso* se deben beber vinos secos y ácidos.

Como Suiza es la cuna de las fondues de queso, recomendamos que se beban vinos de este país. Muchos vinos blancos suizos se caracterizan por su cuerpo seco, elegante y poco dulce. Sin embargo, es difícil encontrar estos vinos y, además, tienen unos precios exorbitados. De todas formas, para una ocasión especial se puede dedicar tiempo (para encontrarlo) y dinero para catar alguno de ellos.

He aquí algunas sugerencias: los suaves Fendents (de uva) de Monthey y Evouette, los Fendents más fuertes y Johannisbergers (también de uva) de Siders, Sitten, Fully y Martigny. Todos los vinos, en fin, de Neuenburg, del valle de Ginebra, del valle de Bieler y del valle de Thuner. Los vinos de Neuenburg y los del valle de Bieler son especialmente famosos por su ácido carbónico natural. Todos ellos poseen un frescor particular, en parte porque para las fondues se sirven a 8°C. Esto es importante, pues, con el descenso de temperatura, al verterlos en los vasos (unos 2°C de diferencia) se libera el ácido carbónico. No tiene sentido, por tanto, volver a enfriar una botella una vez caliente. Los demás vinos blancos, como los Fendents, Yvornes o Aigle, se pueden servir a 11°C. Pero tampoco es tan importante que el vino sea de la mejor cosecha, pues el sabor fuerte del queso fundido hace desaparecer los matices especiales de los vinos punteros.

Por esto recomendamos, en cuestión de vinos franceses, Vins de Pays limpios, que se elegirán según gustos. En plan más refinado, recomendamos un blanco Bergerac; y del valle del Loira, un Muscadet de Sèvre et Maine o un Mâcon blanco.

En cuanto a los vinos alemanes, sugerimos un fuerte y sobrio Rheingauer Riesling o un vino seco tipo Traminer o Silvane de Franken o Baden. Si elegimos un Gutedel o un Scheurebe, deberá ser semiseco, sobre todo si la fondue está basada en un queso fuerte y bien curado. Esto favorece la relación armónica de sabores.

Bebidas para acompañar fondues

También recomendamos beber vinos blancos con *fondues de caldo*. La regla es beber vinos suaves con fondues (o sus salsas) suaves, y fuertes con fondues fuertes. Si las salsas que se sirven son especialmente picantes, se recurrirá a la cerveza.

En cuanto a las fondues de carne, ya sea en aceite o con caldo, sugerimos vinos rosados (Francia y España), Weissherbst (Alemania), Schiller (Würtenberg) o Oeuil de perdrix (Suiza). Si el rosado debe ser seco o fuerte, es ya una cuestión de gustos.

Si se elige vino tino, éste debe ser joven y fresco. Nuestro favorito es un Beaujolais Villages embotellado por Georges Duboeuf, del año anterior y de 12°. Entre los italianos, preferimos un Bardolino Classico de Verona; y entre los españoles, un Rioja joven.

Con fondues fuertes, recomendamos beber cerveza.

Una vieja superstición, confirmada por algunos libros sobre fondues, vaticina fuertes dolores de estómago si se bebe cerveza con una fondue de queso. Nosotros hemos comprobado que es totalmente falsa, y creemos que los «expertos» que la confirman ni siquiera han intentado hacer la prueba. La cerveza que más nos gusta para acompañar fondues de queso es la Guinness Extra Stout.

Con otro tipo de fondues, la cerveza no ofrece ningún problema, más aún, es una solución para fondues fuertes que no se «dejan tragar» bien con vino.

Las mejores cervezas para fondue son las de tipo Pilsen, aunque nos gustan también otras, un poco más fuertes y, como ya hemos dicho, la Guinness Extra Stout.

Nota: Con todas las fondues también se puede tomar vino de manzana, incluso sidra; pero ésta debería ser lo más seca posible.

El mercado de los utensilios para la fondue

Los forofos de la fondue con mucho sitio en casa, y, por supuesto, con mucho dinero, pueden comprarse los servicios más diversos, ya que la oferta en lo que se refiere a rechauds, marmitas, platos y accesorios es tan grande que, prácticamente, cabría servir cada fondue de un modo diferente. Por otra parte, esto ofrece la ventaja de poder satisfacer todos los gustos: o rústico o elegante, o recargado o sencillo.

Lo primero es el rechaud
Es decir, el «hornillo» para encima de la mesa sin el cual es imposible comer la fondue.

El artilugio más simple es la vela, ya sea de tipo calentador de mantequilla, de platos o de té. El fuego de la vela, sin embargo, solamente resulta tratándose de la fondue de chocolate, para la cual existe, además, un servicio especial de cerámica. Por lo tanto, su adquisición sólo compensa cuando esta variedad de fondue se prepara con frecuencia; en otro caso basta con un infernillo y una marmita refractaria como recurso improvisado. Los calentadores de platos con dos velas, al igual que las placas térmicas, pueden emplearse perfectamente cuando se trate de fondues que no tengan que volver a hervir una vez servidas.

Pero para obtener un fuego que caliente lo suficiente es preciso recurrir al quemador de alcohol. Los existentes actualmente en el mercado, exentos de mecha, son los más seguros, ya que el alcohol se vierte sobre fibra de vidrio incombustible. La llama sale a través de una superficie perforada y se regula mediante un tiro de aire. Este tipo de quemador se fabrica en diversos materiales, desde hoja de lata hasta acero inoxidable o cobre, y es suficiente para las fondues de queso o de carne, dado que la pasta de queso, el aceite o cualquier otro tipo de líquido que haya de ser cocido debe tratarse previamente en la cocina hasta obtener el punto requerido.

La firma Spring ha lanzado al mercado recientemente un quemador para fondue que se alimenta con pasta combustible, se regula sin escalonamiento y, que posee, además, un mango aislante. Esta particularidad es muy ventajosa, pues los quemadores de mango tradicional se suelen calentar bastante pronto, de manera que resulta imposible regularlos sin problemas o retirarlos cuando se desee.

Conviene adquirir el quemador junto con la parte superior que constituye el rechaud, es decir, el hornillo completo. El surtido es enorme, desde los de simple chapa de acero o de aluminio hasta los de acero inoxidable de sencillo diseño o de una calidad demasiado ligera. Como los precios varían constantemente, consideramos preferible recomendar al lector que solicite folletos o catálogos de los siguientes fabricantes: Christian Wagner, Spring, Le Creuset, Schulte-Ufer, WMF, Silit (OMF), Sigg, Stöckli, Dansk Desings Ltd (en los Estudios Rosenthal), Le Rotisseur (Oeslauer), Beka, Asta, Elbinger o Melior. En las ofertas de estas firmas encontrará usted todo lo necesario en cuanto a los diversos accesorios para fondue.

Los mejores quemadores, en los que es posible hacer la cocción en la mesa y cuyo grado de calor se puede regular exactamente, son los de gas. Así lo hemos comprobado con los quemadores de Kisag y el *Aero Flame* de Siegg. La duración de una carga de gas butano, a toda llama, es de 1 hora larga; a llama media, de hasta 3 horas y, a llama pequeña, de unas 9 horas. A plena llama es posible calentar el aciete y el caldo hasta que rompa a hervir; a llama media se mantiene justamente la temperatura de ebullición y la de estofar (Sukiyaki), y a llama pequeña, se mantiene el calor. Los quemadores de gas, por razones de seguridad, no se venden sino junto con el rechaud. Ventajas del gas butano: inodoro y limpio.

Un caquelón para la fondue de queso
La especialización, hablando de fondues, comienza con la adquisición de la marmita. Un caquelón de barro vidriado o de cerámica, es suficiente ya para una fondue de queso. Los puristas insisten en que la parte exterior del recipiente debe ser basta y el interior uniformemente vidriado, como los que los vendedores ambulantes solían ofrecer en el Jura suizo a la puerta de las casas, cuando la fondue no estaba aún tan en boga como hoy en día. Este tipo de recipientes se desgasta rápidamente, por lo que, pese a su bajo costo, su adquisición no suele resultar rentable. Por otra parte, como la fondue es preciso hervirla primero en otro recipiente normal y luego pasarla al caquelón al momento de

El mercado de los utensilios para la fondue

servirla, se corre el riesgo de que el queso se convierta en «goma».

También los caquelones vidriados interior y exteriormente suelen saltarse con frecuencia. Esto no tiene mayormente importancia siempre que permanezca lleno de agua durante mucho tiempo, pues, en otro caso, el barro acaba absorbiendo demasiada agua y al volver a calentarlo es posible que se rompa.

Antes de decidirse

Si todavía no sabe con certeza si en lo sucesivo preparará usted con más frecuencia la fondue de queso que la de carne, le recomendamos que comience utilizando una marmita refractaria igualmente válida para otros usos diarios. Lo que si conviene es que tenga un agradable aspecto para que luego haga bonito sobre el rechaud. En caso de preferir hacer una prueba con la fondue de aceite, antes de decidirse a adquirir un servicio especial, lo mejor es recurrir al uso de un recipiente de hierro fundido esmaltado o de acero esmaltado. En las marmitas de hierro esmaltado puede prepararse también la fondue de queso, pero dado que por su naturaleza se calienta rápidamente el fondo, la masa suele pegarse.

Marmitas para todas las fondues

Las marmitas con mango grueso de hierro fundido o de madera y exteriormente de color y por dentro blancas, pero bien esmaltadas por ambos lados, son los caquelones adecuados para toda clase de fondues. Las hay de diseño típicamente suizo, modernizadas o con ligeras variaciones. Si usted prefiere especializarse, conviene que para la fondue de carne adquiera un caquelón de cobre o de acero inoxidable. Los de cobre pueden ser de cobre puro, galvanizado por el interior, y plateados o de cobre por la parte exterior y de acero inoxidable o acero cromoníquel por el interior. Su característica es la buena conductibilidad del calor, su resistencia a los ácidos y que en ellos no se forma cardenillo.

En todo caso, es recomendable adquirirlo con tapa, ya que ésta impide que salte el aceite y, además, mantiene el calor cuando la temperatura del caldo de la fondue tiende a descender a consecuencia de los repetidos mojes. De esta forma, al no llegar a enfriarse del todo, se recalienta más deprisa.

Dan buen resultado las tapas de los juegos Mahasi y Gourmet. Ambas tienen el borde doblado de tal forma que el aceite no puede salpicar. También ofrecen la ventaja de que pueden servir también de portatenedores al poderlos colgar en ellas sin que toquen el fondo de la marmita, con lo cual se evita que la carne se pegue, cuando se trata de la fondue de aceite. Con este tipo de tapa se puede charlar tranquilamente mientras la carne se va friendo sola. Hay también un cuello con portatenedores, fabricado en acero por la casa Mebus, que puede usarse con cualquier tipo de utensilios para fondue.

Algunos tenedores tienen, además, unos pequeños ganchitos que permite colgarlos fácilmente del borde de la marmita.

Al comprar la marmita para la fondue de aceite, debe tenerse presente que el borde ha de estar doblado para evitar las salpicaduras de aceite caliente. Las fondues de caldo o de queso no salpican.

Si una vez leído este libro usted se decide a renovar sus utensilios de fondue o cambiar a otro tipo, le recomendamos que solicite información sobre los juegos completos de la serie Rotisseur, de la casa Goebel (Oeslauer Manufaktur), de la firma Le Creuset francesa o de Beka. También pueden adquirirse juegos combinados por los minoristas dentro de ciertos tipos análogos.

Otros detalles importantes

Los tenedores para la fondue de queso son largos y de tres pinchos. Normalmente, cada mango lleva marcado un puntito de color para diferenciarlos entre sí y no confundirlos cuando están en el caquelón (pues no es necesario tenerlos en la mano continuamente). La fondue de queso requiere un solo tenedor por comensal, en cambio, la de carne exige el uso de dos tenedores (llevarse a la boca el que acaba de estar metido en el aceite puede producir serias quemaduras). Para este tipo de fondue se pueden usar sin ningún inconveniente los tenedores de queso. Los originales, sin embargo, están provistos de solamente dos pinchos para que la carne no se pierda en la marmita. Por supuesto que los pinchos de madera hacen imposible las quemaduras, pero tie-

El mercado de los utensilios para la fondue

nen el inconveniente de que no tardan en tomar un aspecto poco apetecible.

El segundo tenedor, por supuesto, puede ser un tenedor normal de la cubertería.

Los perfeccionistas y los fanáticos de la fondue tienen platos especiales. Para la fondue de queso, del color del caquelón o con dichos y proverbios rústicos; para la de carne, con varias divisiones para las distintas salsas y ensaladas o bien el plato de los guateques con diferentes salseras pequeñas anexas. También hay muchos partidarios de los platos de madera, aunque tienen el inconveniente de que pronto toman el color de las salsas, sobre todo del curry y la mostaza.

Es natural que quien no disponga de tales platos también puede servir la fondue. Un plato cualquiera tipo rústico hace (prácticamente) los mismos servicios. Otra cosa obligada son la tabla para la carne, el pan y demás.

Lo importante es —salvo en el caso de la fondue de queso—, disponer de muchas salseras. Las casas que hemos mencionado hasta ahora las suministran del mismo color que el servicio y del mismo material que éste o bien como los platos. Para los más exigentes hay fuentes con un cierto número de salseras incorporadas simétricamente, de cristal o de porcelana. Para mayor comodidad existe un tipo de carrusel para fondue en el que la marmita va en el centro sobre una madera y en otra van las salseras giratorias. Basado en un principio semejante, hay también el llamado «mayordomo» o *fondue butler* en el que van dispuestas seis salseras en un soporte alrededor de un mango que también giran.

Respecto al uso de baberos es simplemente una cuestión de estilo y de etiqueta. En realidad las fondues de aceite tampoco salpican tanto como para tener que protegerse hasta tal punto.

Para cuando llegue el momento de adquirir los molinillos de pimienta, he aquí algunas recomendaciones:

- Comprobar si el mecanismo de molienda se puede graduar entre más o menos fino, dato este muy importante a la hora de usarlos.
- Comprobar si resulta fácil llenarlos. Hay molinillos que tienen un agujero tan pequeño que casi es preciso introducir los granos uno a uno, lo que requiere no poca paciencia.
- Probar si giran sin dificultad. Por lo general los que giran en sí son más fáciles de manejar que los provistos de manivela.
- El molinillo no debe ser demasiado pequeño ni tan grande que pueda tropezarse con la marmita al maniobrarlo.
- No son recomendables los molinillos de material plástico, ya que con el tiempo se ensucian. En cuanto a los de vidrio, tienen la ventaja de que puede verse su contenido, pero a veces muelen bastante mal.

La fondue eléctrica, limpia y segura

Para quienes el romanticismo no juegue un papel demasiado importante y el hechizo de la llama no les atraiga en particular, los aparatos eléctricos para preparar la fondue son, sin duda, lo más acertado (Siemens, Rowenta). Provistos de un termostato regulador, a los 70 grados pueden prepararse la fondue de chocolate, a los 85 la de queso, a 100 grados la de caldo y a 180 la de aceite-manteca. Al adquirirlos, compruébese que la marmita y el calentador son separables, esto hace que la limpieza no resulte problemática y, por otra parte, permite usar este último para mantener calientes los platos, como aparato independiente, con sólo ajustar el termostato a baja temperatura.

Y un consejo último: El aparato deberá tener un portacable para evitar que se suelte fácilmente de un tirón involuntario en lo más animado de la fiesta.

Marcas de útiles para fondues

BEKA (Braun & Kemmler): Marmitas esmaltadas (con mango de madera) para queso y carne, infernillo de alcohol, de manejo relativamente sencillo, juegos completos.

Cousances: Caquelón de hierro esmaltado, diversos tipos de marmitas de hierro fundido, colores fuertes, rechaud rústico y sólido, tabla de teka, tenedores, parrilla automática (Grillomat).

Le Creuset: Caquelón de hierro esmaltado, marmitas de diversos tipos y colores intensos, rechaud especialmente sólido con infernillo de alcohol, tabla de teka, tenedores, platos para carne, parrilla de mesa.

Dansk Designs Ltd.: Marmita esmaltada, con

El mercado de los utensilios para la fondue

mango de madera y rechaud de alcohol haciendo juego, forma moderna, calentador de mantequilla especial para la fondue de chocolate, tenedores de acero en su totalidad pero que conservan frío el mango.

Digsmed: Marmitas de diversos tipos, quemadores de hierro fundido negro muy modernos, modelos amplios para la fondue de caldo con el quemador haciendo juego, en teka o vidrio, salseras y ensaladeras, tablas.

Drexler: Varios modelos de marmitas y quemadores. Característica: diversidad de marmitas y quemadores relativamente sencillos.

Le Rotisseur (Oeslauer Manufaktur): Servicios completos con todos sus accesorios.

Rowenta: Fondues eléctricos con marmita y calentador por separado.

Sigg: Caquelón de aluminio esmaltado con revestimiento de teflón, rechauds de todas las formas, incluso con quemador de gas (Aeroflame), marmitas de acero y de cobre, mayordomo de fondue (fondue-Butler) con salseras giratorias, platos y fuentes, tenedores, «raclonette». Véase la ilustración de la página 37 (aparato con quemador y cuatro placas).

Silit (OMF): Marmitas esmaltadas decoradas, quemador, sartén gourmet, salseras haciendo juego.

Spring: Marmitas para fondue de todas clases, especialmente en cobre y acero al cromoníquel, cacerola gourmet para la fondue de caldo, en cobre (Culinox) y acero cromoníquel con doble quemador y cucharón, quemadores de diversos tipos, platos, paneras, salseras. Fondues para chocolate, borde doblado para fondue de aceite para que no salpique. La tapa sirve de portatenedores, sartén de mesa con rechaud. Quemador para pasta combustible (Firestar-Brennpaste), véanse ilustraciones págs. 64 y 66.

Stöckli: Marmitas para fondue de carne, de cobre; rechaud tipo infernillo de alcohol, también de acero con patas de hierro; quemador de gas de forma moderna, pot-au-feu para fondue de caldo con dos quemadores.

SUS: Marmitas y quemadores, servicios completos para fondue factibles de apilar en forma esférica (ahorro de sitio para guardarlos); la marmita lleva un cuello para colgar los tenedores, salseras, tenedores (foto página 76).

Christian Wagner: Amplio programa de fabricación de caquelones de cerámica y marmitas de cobre, diversos tipos de quemadores, incluso uno de gas; toda clase de accesorios, salseras, tenedores, platos, pinchos de madera, servicio para fondue de café (pág. 47).

WMF: Servicios completos para fondue en cerámica con juegos de platos; servicios de aluminio o acero esmaltado, con o sin tabla en la que se pueden insertar seis tenedores, quemador sin mecha, platos para la fondue de carne.

Algunas sugerencias

Fondues para los grandes amigos
Fondue Glarner 21
Kaaspot de Gouda 24
Fondue Bols 25
Fondue Hermitage 30
Fondue de cordero al estilo sirio 45
Fondue de Asia 46
Fondue de venado 49
Fondue de langostinos a la californiana 52
Tempura 53
Fondue Gourmet 58
Fondue de hígado de carnero 60
Fondue de pescado al estilo de Theo 63
Pote de fuego al estilo Weisham, 68
Sukiyaki al estilo Klever 74
Bagna Caôda 84
Fondue de sartén 89
Fondue de chocolate al whisky 94

Fondues para celebrar en el jardín
Fondue Gomser 21
Fondue Campesina 22
Fondue de Maguncia 24
Fondue de cerveza 26
Fondue de eneldo 30
Fondue de cebollas 33
Fondue a la española 34
Fondue à la Bourguignonne 42
Albondiguillas del Caribe 44
Queso Macha 45
Fondue de pescado al estilo de Alemania 55
Fondue de pescado Ulrich Klever 64
Fondue de caldo de carne 70
Puchero vietnamita al vinagre 79
Okaribayaki 87
Pinchos Lamchi & Boonchi 90
Westindia Cofee 101

Fondues para invitados con buen apetito
(para las fondues de queso, véase pág. 12)
Fondue Neuenburg 15
Fondue Ginebrina 1. 20
Fonduta Tesina 21
Fondue Rosé 26
Fondue Parmentier 34
Raclettes 40
Fondue de albóndigas 44

Pollo a la coreana 46
Puchero mongol 1. 68
Fondue Shih-Chin-Nuan-Kuo 70
Fondue Rusa 71
Fondue de cerdo agridulce 81
Fondue de frutas - seca 99

Fondues para invitados de paladar fino
Fondue au champagne 26
Fonduta Piamontesa con trufas 26
Fonduta al estilo del Hotel Danieli 29
Fondue à la Périgueux 29
Fondue à la Périgueux á la Grand Gala 29
Fondue de corzo 49
Fondue de marisco Strausak 52
Fondue de carne variada al estilo oriental 59
Fondue Seafood à la Chalet Suisse 63
Puchero Oriental con flores de crisantemo 69
Puchero Vietnamita 78
Bagna Caôda 2. 84
Fondue de espárragos 88
Fondue Mokka 97

Fondue para pequeños y no tan pequeños
Fondue de Freiburg o Friburgo 16
Fondue Pussy-foot 16
Fondue de leche cuajada 25
Fondue de plátano 34
Fondue de coliflor 55
Fondue sopera 72
Fondue Toblerone 94
Fondue de chocolate a la menta 97
Fondue de Marshmallows 98
Fondue de crema de cacao con avellanas 98
Fondue de frutas - dulce 99

Fondues para cocineros con prisas
Fondue Tesina, 22
Fondue Campestre o para solteros 23
Fondue de lonchas 24
Fondue Mexicana - servida en frío 36
Fondue de merluza rebozada 51
Fondue y salchichas 51
Fondue Ranchera 83
Fondue de patatas con requesón 87
Pinchos de pollo - Sate Ajam 91
Fondue helada 100

Indice alfabético

Los números en *cursiva* remiten a páginas de ilustraciones en color.

Aceites para fondues 50
Aguardientes para fondues 35
Albóndigas de sémola 72
Albondiguillas 72
Albondiguillas de pescado 123
Albondiguillas del Caribe 44
Alioli 103
Appenzeller 36
Asagio 36

Bagna Caôda 84
Bagna Caôda 1, 84, *85*
Bagna Caôda 2, 84
Bagnes 39
Baguette (o pan blanco tipo pistola) 119
Barritas de patata 123
Beaufort 36
Bel Paese 36

Caerphilly 36
Café Brûlot 101
Café con miel a la turca 101
Café de chocolate para cuatro 101
Café Westindia 101
Caldo de carne de vaca 62
Caldo de pescado para fondues 78
Caldo de pollo 78
Caldo de ternera 72
Caldos de carne para fondues 62
Caldos de pollo y de pescado para fondues 78
Cantal 36
Carne, cortes para fondue 43
Carne para fondues 43
Cebollas para sumergir 123
Cebollitas agridulces 122
Comté 36
Crêpes de harina de arroz 124

Cheddar 36
Chester 36
Chutney de albaricoque 122

Danbo 36
Decoración 11
Decoración de la mesa 13
Diablillos 90

Edamer 36
Emmental 36

Emmental, tipo Allgau 36
Escabeche I. 91
Escabeche II. 91
Escabeches para pescado crudo 81
Especias 11

Fondue de aceite o grasa 11
Fondue de aceitunas 33
Fondue al ajo 33
Fondue de albóndigas 44
Fondue de alcachofas 88
Fondue de Asia 46
Fondue «Au vin de la Côte» 19
Fondue Bols 25
Fondue a la Bourguignonne, receta base, 42, *48*
Fondue para los buenos amigos 131
Fondue de café 100
Fondue de caldo 11
Fondue de caldo de carne 70, *76*
Fondue de callos 58
Fondue de camarones a la californiana 52
Fondue de camarones con bacon 52
Fondue au campagne 26
Fondue campesina 22
Fondue campestre o para solteros 23
Fondue de caramelo 98
Fondue de carne variada al estilo oriental 59, *66*
Fondue casera de aves 62
Fondue de cebollas, 33
Fondue para celebrar en el jardín 131
Fondue de cerdo agridulce 81
Fondue de cerveza 26
Fondue para cocineros con prisas 131
Fondue de coles de Bruselas 55
Fondue de coliflor 55
Fondue al comino 32
Fondue de corazón de ternera 58
Fondue de cordero a la neozelandesa 44
Fondue de cordero al estilo sirio 45
Fondue de corzo 49
Fondue de crema de cacao con avellanas 98
Fondue de cuajada 25
Fondue al curry 32
Fondue chinoise, receta base 62
Fondue de chocolate Jamaica 94
Fondue de chocolate a la menta 97
Fondue de chocolate con nueces 94
Fondue de chocolate perfumado 97
Fondue de chocolate al whisky 94
Fondue de eneldo 30, *28*
Fondue a la española 34
Fondue de espárragos 88

Indice alfabético

Fondue de especias, otras 32
Fondue al estilo de Lucerna 21
Fondue al estilo de la Nouvelle Cuisine 81
Fondue al estilo de la Suiza Oriental 19
Fondue al estilo de Westfailia 83
Fondue al estilo del último prusiano 22
Fondue al estragón 32
Fondue a la francesa 34
Fondue formidable 30
Fondue de Friburgo 16
Fondue de frutas dulces 99
Fondue de frutas secas 99
Fondue para gente de paladar fino 131
Fondue Ginebrina 1.20
Fondue Ginebrina 2.20
Fondue Glarmer 21
Fondue Gomser 21
Fondue Gourmet 58
Fondue hamburguesa 34
Fondue helada 100
Fondue helada Tutti-Frutti 99
Fondue Hermitage 30
Fondue de hierbas 33
Fondue de hígado de carnero 60
Fondue, historia de la 10
Fondue del infierno 32
Fondue italiana 33
Fondue italiana de tomate 73
Fondue de jamón 50
Fondue japonesa de aceite 52
Fondue Kernhem 25
Fondue de lechezuelas 60
Fondue de lonchas 24
Fondue de Maguncia 24
Fondue de manzana 99
Fondue de marisco 51
Fondue de marisco Strausak 52
Fondue marítima 63
Fondue mediterránea 64
Fondue de merluza rebozada 51
Fondue mexicana fría 36
Fondue à la mode 31
Fondue Mokka 97
Fondue con mostaza 32
Fondue de mostaza 89
Fondue paleolítica 92, 96
Fondue Parmentier 34
Fondue a la parrilla 90
Fondue de patatas campesina 87
Fondue de patatas con requesón 87
Fondue para pequeños y no tan pequeños 131
Fondue à la Perigueux 29
Fondue a la Perigueux a la Grand Gala 29
Fondue de pescado 53
Fondue de pescado al estilo de Alemania 55, *47*
Fondue de pescado al estilo de Theo 63
Fondue de pescado Katon 80
Fondue de pescado Ulrich Klever 64
Fondue de pescado al estilo de Wallis 55
Fondue a la Pizza 35
Fondue de plátano 34
Fondue de pollo Bourguignonne 45
Fondue Puegogi 77
Fondue Punsch 73
Fondue Pussy-Foot 16
Fondue de queso 11
Fondue de queso, la verdad sobre la 10
Fondue de queso, pan para la 15
Fondue de queso Bourguignonne 45, *38*
Fondue de queso (estilo Neuenburg), receta base 15
Fondue de queso, para sumergir en las 23
Fondue Ranchero 83
Fondue de requesón 24
Fondue de riñones agrios 59
Fondue de riñones y setas 58
Fondue de ron y azúcar 98
Fondue de Roquefort 27, *23*
Fondue Rosé 26
Fondue rusa 71
Fondue de sartén 89
Fondue y salchichas 51
Fondue con salsa de asado 32
Fondue Seafood à la Chalet Suisse 63
Fondue sencilla de caza 50
Fondue de septiembre 56
Fondue de setas 1.32
Fondue de setas 2.33
Fondue Shih-Chin-Nuan-Kuo 70
Fondue sopera 72
Fondue Tesina 22
Fondue Toblerone 94, 95
Fondue variada 31
Fondue varieté 67
Fondue de venado 49
Fondue de vino 83
Fonduta al estilo del Hotel Danieli 29
Fonduta italiana 29, *17*
Fonduta piamontesa con trufas 26
Fonduta Tesina 21
Fontina 36

Galletas de hígado 72
Gambas al estilo chino 80
Gomser 39

Indice alfabético

Gouda 36
Grasas para fondues 50
Gruyère 36
Guacamola 104

Havarti 36
Horca de brujas 92
Hornillo 127

Instrumentos y accesorios 12

Kaaspot de Gouda 24

Limones conservados en aceite 123

Mantequilla al café 103
Moitié-Moitié 19
Moje de aguacate 1.103
Moje de aguacate 2 (Guacamola) 104
Moje de ajo y queso 107
Moje de cebolla 115
Moje a la española 111
Moje estilo Calcuta 107
Moje de lima 108
Moje de limón 115
Moje de manzana y pasas 103
Moje de miel 106
Moje de queso y nueces 109
Moje de rábanos picantes 108
Moje de rábanos picantes con arándanos 109
Moje de requesón 110
Moje tropical 112
Mojes caseros 115
Montasio 39
Mozzarella 39
Mustard-Relish 106
Mysost 39

Okaribayaki 87

Pan, masa agria para 118
Pan Blinis Weishem 120
Pan con tuétano 72
Pan de ajo 124
Pan de copos de avena 119
Pan de especias 120
Pan para la fondue de queso, el 15
Pan para fondues, clases de 20
Parmesano 39
Pasta campesina agria 118
Pecorino 39
Peparata 106

Pescado y la fondue, el 53
Picatostes para fondue 119
Pincho de huevo 72
Pinchos de hígado 46
Pinchos de pollo - Sate Ajam 91
Pinchos de ternera Baco *65*, 67
Pinchos Lamchi & Boonchi 90
Piña en conserva 122
Pollo a la coreana 46
Pote de carne al estilo de Mongolia 49
Provolone 39
Puchero mongol 1. 68, *86*
Puchero mongol 2. 69
Puchero oriental al estilo Weisham 68
Puchero oriental con flores de crisantemo 69
Puchero vietnamita 78
Puchero vietnamita al vinagre 79
Pucheros orientales 68
Pucheros orientales, algunas aclaraciones acerca de los 68

Queso, elección del 16
Queso, rallado del 31
Queso, rallado y corte del 31
Queso macha 45
Quesos para fondue 36

Raclette 39
Raclette, receta de *38*, 40
Rollos de tocino y cebolla 118

Salsa de albaricoque 103
Salsa de anchoas 1.110
Salsa de anchoas 2.110
Salsa de avellanas 106
Salsa bretona 104
Salsa de cacahuete 105
Salsa de caramelo 100
Salsa de cornichón 105
Salsa de curry 1.104
Salsa de curry 2.105
Salsa Chantilly 104
Salsa china especial 104
Salsa especial de vino blanco con gambas 63
Salsa de espárragos 106
Salsa de estragón 105
Salsa de fuego 105
Salsa de guindas 99
Salsa de hierbas 107
Salsa holandesa 106
Salsa holandesa de estragón 110
Salsa del infierno caliente 111

Indice alfabético

Salsa del infierno fría 112
Salsa indonesa 107
Salsa de jerez 111
Salsa de manzana 103
Salsa de mostaza 111
Salsa de naranja 108
Salsa Niza 109
Salsa de patatas 107
Salsa de rábanos picantes 108
Salsa rápida de pescado 64
Salsa de remolacha colorada 110
Salsa de roquefort 110
Salsa Steak 111
Salsa tártara 111
Salsa tempura 1.54
Salsa tempura 2.54
Salsa tempura 3.54
Salsa de tomate a la provenzal 105
Salsa de tomate fría 112
Salsa vinagreta 112
Salsa yankee 112
Salsas preparadas 116
Sambal 123
Samso 39
Sbrinz 39
Schabzieger 39
Sukiyaki fondue japonesa 73
Sukiyaki a la japonesa 77
Sukiyaki al'estilo Klever 74, 75
Sukiyaki casera 74

Tacos de pan blanco 72
Tempura 53
Tempura de setas 54
Tilsiter 39
Tomates para cocktail en escabeche 123
Tomates para cocktail macerados 123

Vacherin à fondue 39
Velveta 39
Vino, elección del 16

Walliser 39